Libérate

Del

Miedo

Helen Flix

Quiero dejar constancia de mi reconocimiento a todos los alumnos que han asistido a mis clases y seminarios, así como a los anónimos asistentes a mis conferencias, por todas las aportaciones que han efectuado interactuando conmigo en muchos de los temas que se tratan en este libro.

Y sobre todo a Luis, esposo y compañero que se ha encargado con ilusión de organizar a la familia en las muchas horas de aislamiento que comporta escribir un libro. A Ester SanJuan por su colaboración en los dibujos del libro. A mi hija Ana que ha sido mi gran apoyo informático, así como a mis otros dos hijos que me ayudan a demostrar que "querer es poder".

Helen Flix

<u>Introducción</u>

El miedo es una emoción necesaria, yo me atrevería a decir, casi imprescindible en la supervivencia de la especie, ya que al experimentarlo, nos posiciona en un estado de alerta total, desencadenando nuestro instinto de supervivencia, activando la huida o la pelea; también es una emoción que nos avergüenza, que nos hace sentir diferentes, inferiores, a veces discapacitados.

Pero si miramos a nuestro alrededor, vemos que todos y cada uno de nosotros, experimentamos algún que otro miedo.

Miedo a hablar en público, miedo a tomar decisiones, miedo a envejecer, miedo a conducir, miedo al dolor, miedo a que nos hieran emocionalmente, miedo a estar solos, miedo a enamorarnos de la persona equivocada, miedo a los cambios, miedo a la enfermedad, a los túneles, a los exámenes, a tomar decisiones, a que se rían de nosotros, miedo a perder el empleo, miedo al dinero, miedo al éxito, miedo al fracaso, miedo a morir, miedo a la vida. ¡Cuántos miedos, verdad! Y solo son unos pocos de la larga lista que padecemos los seres humanos.

Tratamos habitualmente nuestra incapacidad de afrontar el miedo como una enfermedad, como un problema psicológico, que la mayoría de las veces nos produce dolor, parálisis y depresión, convirtiendo el miedo en un problema patológico, cuando la mayoría de los miedos son únicamente un problema educacional. Nuestro entorno familiar, social, nos ha inculcado tanto explicita como implícitamente que hemos de avergonzarnos de los miedos que la mayoría de las veces ellos también padecen. Si aceptamos que el miedo es educado, condicionado en nuestra mente como algo vergonzoso, si entendemos que los miedos que padecemos en nuestra infancia provienen de nuestros padres o de alguien que para nosotros poseía autoridad. Si aceptamos que los miedos son re educables y esta idea se convierte en una creencia, nuestro pensamiento lógico que suele cometer un error llamado "persistencia en las creencias" o sesgo de confirmación; que no es ni más ni menos que la resistencia que tenemos los humanos a aceptar informaciones contrarias a nuestras creencias (y perjuicios) reestructura nuestro sistema de valores desde el "nuevo sesgo" así que encontraremos maneras de reeducar nuestras reacciones frente a lo que nos atemorizaba.

Llegados a este punto lo que entiendo es que los responsables de cualquiera de nuestras emociones, son nuestros pensamientos; así que hay que *desaprender* los pensamientos que nos tienen atrapados, las creencias que nos repetimos constantemente que promueven una y otra vez nuestras inseguridades.

Un día descubrí en una revista del Reader's Digest, algo que me impactó y decidí superar mi timidez crónica preguntando a mi profesor de "cognición y emoción" en la Universidad, sobre la certeza de la afirmación que había leído. El hombre tenía un buen sentido del humor y me confirmó que era verdad.

Teníamos 60.000 pensamientos diarios, de ellos 40.000 eran repetitivos, matizó que los hombres pensaban un 15% menos y ese era el motivo de que ellas padecieran más depresiones. Y que cuando le preguntábamos a nuestro compañero o pareja ¿en qué estás pensando, querido? Y él respondía muy seriamente:

-En nada.

¡Era cierto!

Todos nos reímos porque la segunda parte de la explicación estaba asociada a su sentido del humor. ¿o eso creo?; Si, nos repetimos 40.000 veces en un día: "nunca podré cambiar", "jamás conseguiré mis sueños", "no podré subir en el ascensor" "no superaré mi miedo a volar " "nadie puede quererme"... etc.

Si aceptamos que lo que sentimos depende en gran parte del tiempo, de lo que pensamos, de nuestras creencias, no de lo que está pasando, que nosotros podemos provocar nuestras emociones, podemos utilizar nuestro cerebro en nuestro favor y comenzar a provocar un cambio de mentalidad que remodele nuestra experiencia.

Nos sentimos bien o mal en función de lo que nuestra vocecita interior nos está diciendo: <Tú no podrás hacerlo>, <él es mejor que yo para ese puesto> <todos han visto que te has puesto colorada>. **No de lo que realmente ocurre**: ¿Qué te hace pensar que no puedes? ¿Lo has intentado? ¿Cómo sabes lo que piensa el entrevistador? ¿Qué busca?, a quien además de a ti, le importa que el conferenciante se sonroje, puede ser un golpe de calor, que padezca tensión arterial alta o lo entiendan como un signo de buena salud.

Si aprendemos a controlar nuestros pensamientos, controlaremos nuestro miedo.

Y con la experiencia he aprendido que no hay forma mejor de disolver el miedo que actuando, haciendo las cosas que nos atemorizan, aceptando que debemos reeducarnos. Ford decía "Tanto si crees que puedes, como que no puedes, siempre tendrás la razón".

Hace años un monje budista me contó una bella historia que me ayudó a escoger una vida más plena, más armónica, sin necesidad de estar siempre controlando:

Había un viudo que vivía con sus dos hijas, curiosas e inteligentes, las niñas siempre hacían muchas preguntas. A alguna de ellas, él sabía responder, a otras no. Como pretendía ofrecerles la mejor educación, mandó a las niñas de vacaciones con un sabio que vivía en lo alto de la colina.

El sabio siempre respondía a todas las preguntas sin ni siquiera dudar.

Impacientes con el sabio, las niñas decidieron inventar una pregunta que él no supiera responder. Entonces una de ellas apareció con una linda mariposa azul que usaría para engañar al sabio.

-Que vas a hacer. Preguntó la hermana

-Voy a esconder la mariposa en mis manos y preguntarle al sabio, si está viva o muerta. Si él dijese que está muerta, abriré mis manos y la dejaré volar. Si dice que está viva, la apretaré y la aplastaré. Y así cualquiera que sea su respuesta, ¡será una respuesta equivocada!.

Las dos niñas fueron entonces al encuentro del sabio que estaba meditando.

-Tengo aquí una mariposa azul. Dígame sabio, ¿está viva o muerta?

Muy calladamente el sabio sonrió y respondió:

-Depende de ti.. ella está en tus manos.

Así es nuestra vida, no debemos culpar a nadie cuando algo falle: somos nosotros los responsables por aquello que conquistamos (o no conquistamos).

Nuestra vida está en nuestras manos, como la mariposa azul.. Nos toca a nosotros escoger qué hacer con ella.

Si has escogido este libro, ya has decidido comenzar a vivir sin miedos.

Cuando te adentres en la lectura de este libro con la esperanza de encontrar una fórmula mágica que haga desaparecer tus miedos, recuerda que lo único que puede frenarte eres tú, con la "Persistencia en las creencias"; así que primero lee el libro, subráyalo sin miedo y luego realiza los ejercicios que creas que te serán útiles. Y recuerda que tu sesgo de confirmación, estará filtrando la información, así que si te descubres pensando de las maneras siguientes, recapacita, pues te has descubierto saboteando tus progresos.

Errores a evitar

-Los humanos no somos receptivos frente a los razonamientos que pueden echar al traste nuestras creencias.

-Cuando tenemos una creencia formada, filtramos la información hasta lograr consolidarla.

-Buscamos confirmaciones y huimos de las refutaciones o teorías que nos crean dudas para poder mantener la creencia.

-Nuestra atención selectiva detecta y resalta rápidamente la información que pueden confirmar nuestra hipótesis, ignorando de forma sistemática, inconsciente y automática la que puede refutarla.

-Si ya no nos queda más remedio que aceptar que hemos errado, valoramos nuestra equivocación como "casi un acierto".

No hay mejor antídoto para el sesgo de confirmación que obligarnos a defender la teoría contraria.

* * * * * *

Belén, una mujer atractiva de treinta y dos años, vino a verme porque después de muchas excusas y evasivas, había aceptado que tenía un miedo atroz a relacionarse con los hombres. Había conocido un primer novio a los dieciséis años y la relación se convirtió en una desvalorización de ella por parte de él, la insultaba, amenazaba, desautorizaba e incluso los dos últimos años de la relación, la golpeaba.

Su familia le pedía que dejara al novio, pero por otra parte le repetían <que nunca sería nada>, <que no valía>, <que era poco trabajadora>.

Rompió después de cuatro años de relación con él, jamás había vuelto a salir con otro hombre. No paraba de repetir que: <hay pocos hombres><con lo que oía hablar en la radio, daba miedo tratar con ellos> <todos son asesinos, mira las noticias>< ¿Qué les pasa a los hombres?> < ¡Qué bien que estoy sola!>.

Su atención selectiva solo centraba su percepción oyendo en la radio y viendo en la televisión, programas que la reafirmaban en la "maldad de los hombres". Cuanto más defendía yo a los hombres, ella tenía más argumentos criminalizadores.

Así que le pedí que me redactara una noticia periodística (era su profesión frustrada) en la que hablara de cómo las mujeres agreden a los hombres y ellos se convertían en sus víctimas; y que investigara cuantas parejas son felices y se respetan.

Reconoció que había sido un trabajo difícil, pero que había alucinado frente a los datos de hombres maltratados, y las distintas formas de discriminación que la sociedad también les aplica a ellos.

Pudimos reeducar sus pensamientos y con ello, controló y reeducó su miedo, consiguiendo no solo trabajar con ellos, si no tener un compromiso de pareja. ¡Y es un buen hombre¡.

¡ADIOS A LOS MIEDOS!

1

FISIOLOGÍA DEL MIEDO

Nuestro organismo está preparado para favorecer la supervivencia del sujeto, con un complejo sistema que se activa ante la percepción de una situación de peligro, auto regulándose y preparándose para dar respuestas que nos protejan.

Poseemos un cerebro único, constituido por una única red interconectada de neuronas y células gliales, pero la evolución lo ha constituido en tres capas anatómicas diferenciadas y con cinco formas de funcionamiento diferenciadas por su evolución filogenética que producen fenómenos psicológicos distintos.

LAS ETAPAS EVOLUTIVAS DEL CEREBRO

Tiempo de Evolución	Parte del Cerebro	Mente
ORIGINADO EN LOS VERTEBRADOS Hace aproximadamente 500 millones de años	BASICO O REPTILIANO (formación del cerebro)	INSTINTIVA (instintos de superviviencia de la especie)
Aparece en los craniados Cerebro protegido por membranas intermedias 300 millones de años	Sistema limbico o cerebro emocional (mamiferos primitivos)	EMOCIONAL
Hace 70 millones de años	NEOCORTEX EN LOS PRIMATES	INTUITIVA
Originado entre tres y dos millones de años antes de la era actual	Lateralización hemisferios en homidios. Especialización hemisferio izquierdo y lenguaje articulado	ANALÍTICA O RACIONAL (hemisferio izquierdo y lenguaje articulado)
Hace solo 150.000 años y sigue evolucionando (adaptación)	Crecimiento lóbulos frontales en el homo sapiens	Planificadora o Metacognitiva

El cerebro humano, está constituido por tres capas que reflejan la evolución del ser humano.

La capa más antigua está ubicada en el centro del cerebro y se conoce como **Cerebro reptiliano**, se encarga de regular acciones esenciales para la supervivencia como comer, respirar, instinto sexual, relaciones sociales, curiosidad, imitación, juego, protección de los niños… Con la evolución y el paso de los años se desarrolló una segunda capa sobre la primera en la que se encuentran las estructuras del **sistema Límbico** que se encargan de la conservación de la especie y el individuo. Regulan las emociones, la lucha, la huida y la evitación del dolor, así como de la búsqueda del placer.

La tercera capa es la **corteza cerebral**, compuesta por dos hemisferios (derecho e izquierdo) y los lóbulos frontales. En ella se dan el pensamiento racional y abstracto.

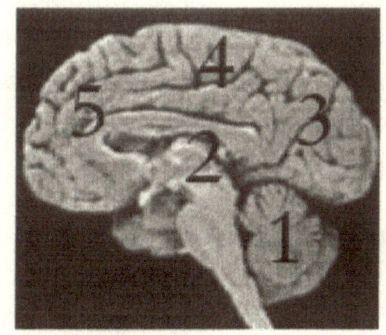

1 Mente instintiva

2 Mente emocional

3 Mente intuitiva

4 Mente racional

5 Mente planificadora

ALERTA DE PELIGRO

Cuando detectamos tanto consciente como inconscientemente algo que representa un peligro, se activa el sistema de alarma en el organismo que lo prepara para poder sobrevivir, desencadenando una serie de respuestas fisiológicas. Este sistema de alerta o alarma se encuentra en la segunda capa en el cerebro humano (sistema límbico).

La amígdala es una estructura que se encuentra dentro del sistema límbico que se encarga de identificar las caras, situaciones y olores que representan un peligro inminente para nuestra supervivencia, está preparada para reconocer más rápido el peligro que las situaciones amables.

La amígdala controla y mide emociones principales tales como la agresión, el miedo y el afecto. Debemos considerarle el centro de identificación del peligro y es fundamental ya que sin ella no tendríamos instinto de supervivencia. El sistema límbico controla las respuestas de lucha o huida.

Toda la información que entra a través de los sentidos es filtrada por la amígdala y esta detecta cualquier señal de peligro. Monitorea las 24 horas del día todo lo que ocurre a nuestro alrededor, incluso mientras dormimos es un fiel guardaespaldas, está atenta y cualquier sonido por pequeño que sea pero que pueda representar un peligro para nosotros, activa sus conexiones nerviosas y nos despierta.

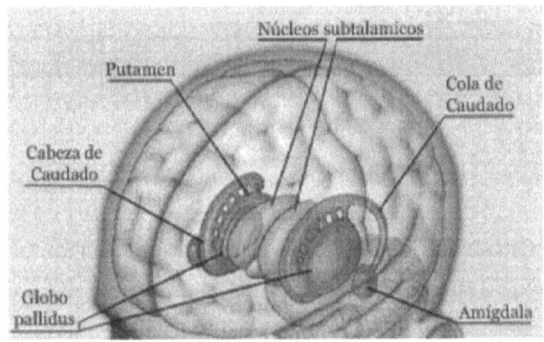

Amigdala

Dos estructuras muy complejas y diminutas con forma de almendra que están ubicadas a cada lado del cerebro.

La amígdala y las estructuras cerebrales que detectan peligro, están atentas a cualquier percepción ordinaria (no identifican detalles) que pueda representar una amenaza, un movimiento extraño, un ruido, un gruñido, una sombra, un olor; cualquiera de estas situaciones desata una reacción de alerta en el organismo, activando el *sistema nervioso autónomo*, y solo hasta que nos percatamos de lo que realmente sucede, si existe peligro o no, éste se desactiva o reacciona regulando la reacción de lucha o huida.

En los primates salvajes, agresivos, la extirpación de la amígdala provoca una pérdida del miedo a los humanos y la supresión de toda conducta agresiva, pero en los humanos, perder la amígdala no significa la pérdida total del miedo, ya que esta es solo una parte del complejo sistema del miedo que incluye partes del *sistema límbico* y de la *corteza*. Sin embargo, la pérdida de la amígdala en los humanos sí que provoca cambios en la persona, convirtiéndola en más calmada.

La función de alarma en el sistema nervioso produce un aumento de la actividad de diversas funciones corporales como el aumento de la presión arterial, ritmo cardíaco, ritmo respiratorio, incremento de la glucosa en sangre, intensificación del metabolismo celular, aumento de la coagulación sanguínea e incluso más rapidez en la actividad mental.

La sangre fluye a los músculos mayores, principalmente a las piernas para tener suficiente fuerza y velocidad de escape, si es necesario. El corazón comienza a latir muy por encima del ritmo habitual, llevando rápidamente al torrente sanguíneo, hormonas como la adrenalina para repartirlas a todo el cuerpo y a los músculos.

El sistema inmunológico se detiene, al igual que todas las funciones no esenciales en el cuerpo, para prepararlo para lo que pueda ocurrir: la evasión o la agresión de una amenaza física externa. Cuando el peligro ha pasado, la división *parasimpática* calma el cuerpo y le ayuda a recuperar su funcionamiento normal, la calma después de la tempestad.

Todas las reacciones que ocurren son útiles para la supervivencia; el cuerpo sabe lo que debe hacer ante la percepción de un peligro para maximizar las posibilidades de salir con vida. Todo ocurre automáticamente, nuestro trabajo solo consiste en analizar la situación para tomar la mejor decisión según sea la amenaza.

LA RESPUESTA DE AGRESIÓN O EVASIÓN

Al activarse la respuesta de agresión o evasión, también llamada lucha o huida, se liberan grandes cantidades de epinefrina (adrenalina) que activa el sistema nervioso autónomo.

Sistema nervioso autónomo

Simpático	Regula la respuesta de evasión/agresión
Parasimpático	Regula las funciones vegetativas del cuerpo (respiración relajada, digestión, crecimiento, excretores…)

Los cambios físicos más perceptibles que provoca el sistema simpático en el cuerpo humano son:

-Respiración más profunda y rápida: Aumenta la cantidad necesaria de oxígeno y es el jadeo de la excitación intensa.

-Aceleración de los latidos cardíacos: El corazón bombea más sangre hacia los músculos preparándonos para la lucha inminente.

-Sudoración fría: Es una preparación para el sudor cálido de la actividad muscular real.

-Incremento de la tensión muscular: Prepara los músculos para la acción que emprenderá de inmediato: evasión o agresión.

-Escalofríos y erizamiento del vello: Conserva el calor y protege al cuerpo del aumento del frío por la constricción de los vasos sanguíneos periféricos.

-Constricción de los vasos sanguíneos periféricos cercanos a la superficie del cuerpo: Provoca la elevación de la presión sanguínea y debido a ello, nos quedamos blancos de miedo.

-Sequedad de boca por disminución de la saliva: Es debido a la supresión de la actividad digestiva, disminución del flujo de los jugos gástricos.

-Suspensión de la actividad digestiva: Ocurre para poder suministrar sangre adicional a los músculos motores.

-Dilatación de las pupilas: Produce una mejor visión de los peligros y el efecto de ojos desorbitados por el miedo.

-Supresión del sistema inmune y respuesta dolorosa: Evita la hinchazón y la incomodidad que interferiría en una huida rápida.

-Necesidad de evacuar los intestinos y la vejiga: Liberando al cuerpo de cualquier trabajo extra.

Todas estas respuestas suministran la fortaleza, el vigor y la capacidad para responder rápidamente, lo que nos ayudaba a sobrevivir frente a un ataque de animales que ponían en peligro a nuestros hijos, a los soldados también les ayuda hoy en día a sobrevivir en combate, a los atletas a conseguir sus medallas y en general a todos a afrontar situaciones peligrosas de manera más efectiva

EVASIÓN

AGRESIÓN

SUMISIÓN

AMENAZA

CUANDO LA ALERTA SE TRASFORMA EN ANSIEDAD

La evolución adaptativa de cualquier especie, es lenta por lo que seguimos reaccionando con la misma virulencia ante las amenazas comunes que sufrimos hoy en día que son más emocionales, ya que en un mundo tan tecnológico como el occidental, afrontamos menos peligros físicos que nuestros antepasados.

Las amenazas de hoy en día, son más psicológicas, como la pérdida de la pareja, del estatus social, del trabajo, de la sensación de importancia, la jubilación, la juventud o la belleza; estas situaciones no suelen requerir una respuesta inmediata, pero nuestros cuerpos responden ante cualquier situación estresante como una amenaza, reaccionando físicamente. Cuando una persona está sometida durante tiempo a estrés, se siente amenazada y confusa por le piensan los demás, su cuerpo activa la respuesta de evasión o agresión. La información que proviene de los sentidos llega al cerebro que la procesa de dos formas: una cognitiva que implica al pensamiento consciente en lo que estamos experimentando y la emocional que está diseñada para alertarnos de eventos importantes ya sean negativos o positivos.

Nuestra amiga la amígdala es la clave que regula las señales de peligro en el plano emocional e inconsciente. Ella guarda en nuestra memoria cualquier experiencia desagradable u horrible, si nos reencontramos tiempo más tarde con ese objeto o situación, se activa inmediatamente sin tomar consciencia de ello, la respuesta de miedo, provocando ansiedad y estimulando la respuesta de evasión o agresión.

Al fin y al cabo la amígdala está diseñada para responder exageradamente ante una situación de posible peligro.

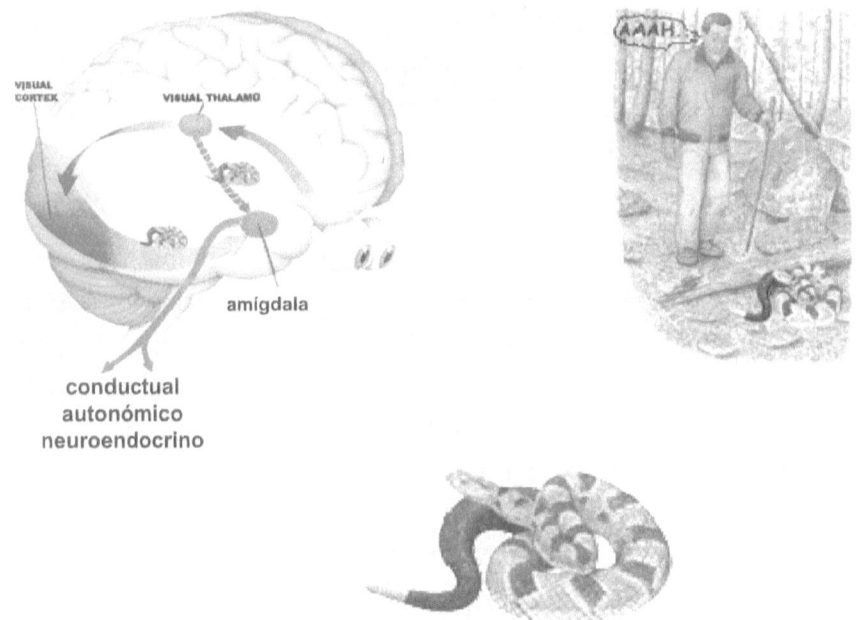

Ante la percepción de un peligro se agudizan todos nuestros sentidos, abrimos más los ojos y las pupilas se dilatan para recabar la mayor cantidad de información posible. En algunas personas las alarmas se activan sin ninguna razón aparente, cuando esto sucede se da lo que conocemos como **ataque de pánico;** cuando la alarma se activa frente a objetos inocuos, o sea ante estímulos específicos, por ejemplo una cuchara, se da lo que se conoce como **una fobia**.

En algunos casos primero se presenta el ataque de pánico por ejemplo mientras conduces tu automóvil y puede evolucionar en una fobia a conducir, ya que teme volver a vivir un episodio de pánico mientras conduces. Incluso el hecho de subirse al automóvil desencadena en la persona todas las reacciones del miedo.

RASGOS DE PERSONALIDAD FAVORECEDORES DE UNA ELEVADA ANSIEDAD QUE PUEDEN DESENCADENAR MIEDOS.

Descubra si cumple con algunos de estos rasgos creadores de ansiedad, puede que se trate de una o varias áreas que tengas que trabajar.

 # Personas con una necesidad excesiva de aprobación: Dependen de los demás para poder tener una sensación de autovaloración; generando un miedo al rechazo, que se convierte en un problema para marcar límites y decir no, así como una hipersensibilidad a las críticas. También puede que la necesidad de aprobación haga que el sujeto se responsabilice de los sentimientos de los demás y se considere responsable de la felicidad de familiares y amigos. Esta necesidad excesiva de aprobación se asocia a una baja autoestima.

 # Personas con pensamiento rígido: Tienen la tendencia a percibir la vida en forma de alternativas disyuntivas, todo es blanco o negro, correcto o incorrecto, éxito o fracaso, justo o injusto. Otra característica de este tipo de pensamiento es la presencia de muchas reglas rígidas, para ellos solo existe un modo correcto de hacer las cosas y les resulta muy irritante que no se hagan de su modo (el correcto). Se mueven dentro de los deberían y los tendrían.

Personas con expectativas exageradamente elevadas hacia uno mismo: Tienen una expectativa de desempeño de tareas y de logro con respecto a si mismos mayor del que esperan de los demás. Un aprobado en química de un buen amigo es un logro y un notable en ellos es algo normal.

Perfeccionismo: Es una combinación de los tres anteriores. Las expectativas excesivamente elevadas; la tendencia al pensamiento de todo o nada al evaluar las acciones de uno mismo; tendencia a centrarse en los errores y defectos nimios, sin saber cuantificar el logro y el avance conseguidos. Esto lleva a considerar cualquier logro que no sea perfecto como un fracaso personal, de modo que la tarea realizada, como la propia persona son un fracaso. La coletilla que denuncia a un perfeccionista son los "peros"; les oiremos decir "el viaje estuvo bien pensado, pero..." y nos contará con profusión de detalles, todo lo que salió mal "padecí el mal de altura, perdí mi pasta dentífrica en un hotel, me mojé unos calcetines, hubo una huelga, etc…"

Persona con una necesidad de mantener el control como sea: Este tipo de personas ponen un excesivo énfasis al hecho de permanecer en calma y mantener el control; así como la necesidad de que los acontecimientos sean predecibles. Los cambios inesperados les producen angustia, ya que les es difícil mantener la calma y el control cuando no saben que va a pasar. Estas personas suelen dar la imagen de fuertes a sus familiares y amigos, ya que solo presentan al mundo una imagen equilibrada y segura, aunque padezca una gran confusión interior.

Personas altamente creativas: Cuando más creativa es una persona, más facilidad tiene para imaginar situaciones de

peligro o alarmantes que pueden pasar. La creatividad se esconde detrás de la *anticipación negativa* (que pasaría si…) Una persona con una mente creativa puede llegar a vivir las imágenes terroríficas que imagina como reales, convirtiéndolas así en peligros reales.

Supresión de algunos o de todos los estados emocionales negativos: Algunas personas temen perder el control, a menudo suprimen los sentimientos que podrían acarrear desaprobación o rechazo por parte de los demás, así que esconden (suprimen) no permitiéndose experimentar sentimientos socialmente no aceptables como por ejemplo el odio, la rabia, el orgullo,…

Evidentemente un grado de control, de perfeccionismo, de creatividad, de expectativas personales altas o de aprobación, es bueno, siempre que nos movamos dentro de una gama saludable de intensidades, ni los excesos, ni la supresión, nos eliminarán la ansiedad y con ello, aparecerán los miedos.

2

LOS MIEDOS NOS SON EDUCADOS

Desde el nacimiento hasta aproximadamente los 3 años funcionamos a través de la mente instintiva (cerebro reptiliano) y de la mente intuitiva (hemisferio derecho), lo que hace que podamos aprender muchas cosas antes de poder pensar con palabras.

Los recién nacidos giran la cabeza en dirección a las voces humanas e intuyen por el tono las emociones asociadas.

Un lactante de una semana colocado entre unos sujetadores impregnados del olor de su madre y otros con el olor de una mujer también lactante, escoge sin duda alguna el sujetador de su madre.

En esa etapa el bebé niño capta lo que le mostramos del mundo, de nuestras emociones, de nuestros miedos como una esponja.

Si tememos subir en ascensor y lo vamos a utilizar instintivamente, le apretamos más fuerte a nuestro cuerpo, nuestros gestos y respiración se vuelven más tensos y el tono de voz denota ansiedad, al cabo de un tiempo el bebé habrá "absorbido" nuestras reacciones y él también mostrará inquietud, de mayor tendrá algo de claustrofobia a los ascensores que nos relatará como genética (es el saco de todo lo que no entendemos con relación a los miedos) porque su madre también padece de ello, pero no lo asocia a una emoción educada.

De los 4 a los 7 años, necesitamos sentirnos aceptados así que buscamos los rasgos, gestos y actitudes que más destacan en nuestros progenitores imitándolos, configurando nuestras características observando a los mayores como espejos en los que reconocernos e imitar inconscientemente para integrarnos en nuestro núcleo familiar. Aprendemos tanto explícita como implícitamente lo que les gusta o disgusta a nuestros familiares y padres.

De los 8 a los 12 años, se crea nuestra auto imagen, y la mente analítica (hemisferio izquierdo) comienza a hacerse notar, así como la Mente emocional (sistema límbico). En esta etapa la reafirmación positiva es muy importante para crear en el niño buenos valores, seguridad, confianza, en lugar de ello solemos hacerles notar lo que no hacen bien, su aspecto físico, sus carencias, nuestros rechazos y preocupaciones; así que comienzan a verse a través de los ojos del progenitor que tiene el poder de aprobar al niño / a en la familia. Así que crecerá buscando su aprobación y llamándole la atención todo el tiempo. En esta etapa el colegio será importante ya que comenzaran las comparaciones: ser del grupo de los pringaos o de los populares, de los tímidos o de los gamberros... (Exclusión / integración).

De los 13 a los 16 años, es la etapa más temida por los padres y posiblemente la más dura de la infancia. Se comienza a apreciar la mente planificadora (lóbulos frontales) y la total revolución hormonal que pone a prueba la mente emocional del joven, de sus padres y profesores.

La rebeldía en el hogar es el ensayo de las habilidades del joven antes de entrar definitivamente en el mundo adulto. Si no la gestionamos bien y le arrasamos con nuestra autoridad paterna, le enseñamos actitudes pasivas (evasivas) ante las diferencias de opinión o la defensa de sus derechos. De adulto sus jefes abusaran de él, tendrá miedo de defender sus derechos. Si reacciona con actitudes agresivas que nosotros fomentamos por exceso de permisividad o de represión, aprenderá a reaccionar agresivamente en las situaciones en

26

que sienta miedo a la frustración, a no poder defender sus ideas, a otras opiniones. Solo generará una actitud asertiva si le enseñamos a negociar y a entender sus emociones.

"La felicidad es interior, no exterior; por lo tanto, no depende de lo que tenemos, sino de lo que somos".

Pablo Neruda

COMO CRECEMOS

EDAD	ETAPA
- Esponja De 0 a 3 años -Mente instintiva	- Absorbemos los miedos, seguridades, enfados de nuestros adultos, sin poder escoger que nos hace bien o que no.
- Imitación De 4 a 7 años -Mente intuitiva	- Necesitamos tener "espejos" donde reconocernos y aprender como actuar en la vida cotidiana. (Si un niño miente, es que alguno de sus progenitores le ha enseñado a no decir las cosas que sabe que les molestará a sus padres).
- Auto imagen De 8 a 12 años -Sociabilización (los mejores amigos)	- Comenzamos a analizar, comparar, a vernos no como realmente somos sino como nos dicen que somos.
- Rebelión De 12 a 16 años (búsqueda del propio poder)	- Etapa necesaria en la que se fijará nuestro modelo de defensa de nuestras opiniones, derechos… Huida – lucha (evasivo – agresivo)
- Autoestima De 17 a 20 años (creación de nuestra imagen de personalidad)	- Alta o baja autoestima como resultado de nuestra auto imagen y de los éxitos en el hogar en la etapa de rebelión.

De los 16 a los 20 años, configuramos una alta o baja autoestima que nos ayudará a afrontar los miedos familiares, sociales y grupales que nos acosen en nuestra etapa de desarrollo social, los correspondientes a nuestra generación.

Esta época estará muy marcada por las amistades y las creencias recibidas de nuestro grupo familiar.

De los 20 años en adelante reforzaremos con nuestras experiencias de vida y los sesgos de confirmación (persistencia en las creencias) nuestros aprendizajes positivos, haciendo que esas áreas de personalidad y vida funcionen sin miedo, así como los negativos que vamos repitiendo generando miedos en esas áreas.

Si resumimos este proceso podemos decir que el desarrollo del ser humano puede dividirse en tres fases:

Socialización

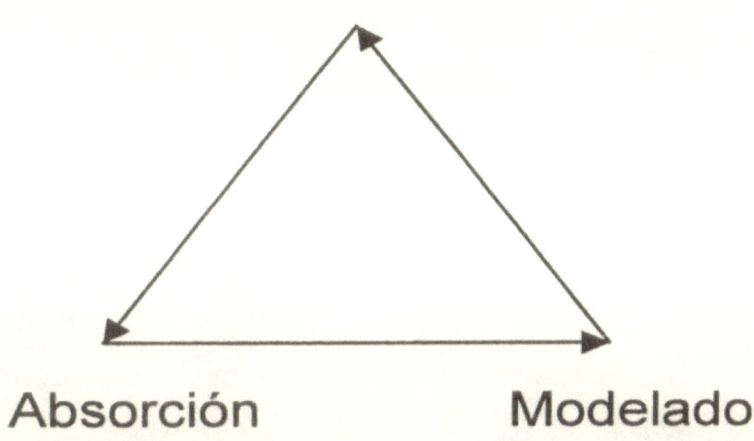

Absorción   Modelado

- 1ª Fase va desde el nacimiento hasta los 7 años aproximadamente, no poseemos aún un desarrollo pleno de la capacidad cognitiva.

Somos conscientes, pero no somos aún conscientes de ser conscientes.

Se le llama así porque la persona reacciona a los estímulos de su alrededor como si fuera una esponja.

Si pasamos una esponja por encima de una superficie que contiene tinta azul, absorbe la tinta azul, si se pasa encima de aceite absorbe aceite, su función es absorber. Es la etapa en que aprendemos más. La capacidad de absorción es básica para la supervivencia. Las creencias que se adquieran en esta fase impregnaran fuertemente la personalidad toda la vida.

Modelado:

- 2ª Fase, dura desde los 7 años a los 14. Se da más importancia a lo que presenciamos, dejamos de absorber pasivamente lo que oímos y comenzamos a evaluar las cosas.

A los 7 años ya hemos codificado en nuestra mente el 99% de nuestros parámetros de evaluación que utilizaremos para escoger, de ahí que cuestionemos a nuestros adultos pero nos comportemos del mismo modo que ellos. Imitamos, si papá miente por teléfono a su jefe para no asistir a una reunión de urgencia, miente a un vecino en el precio de un objeto para quedar bien, si engaña a mamá diciéndole que nos ha tocado un premio en la casa de juegos para que no nos riña por haber gastado dinero. Si cuando somos niños, nuestros adultos mienten (aunque sean mentiras piadosas o diplomáticas) codificamos en nuestra mente que "mentir es válido", no importa que nos dijeran que mentir era malo, e incluso que nosotros pensemos racionalmente que es malo mentir, mentiremos. Es cierto el refrán popular de que "hay que predicar con el ejemplo".

Sociabilización:

- 3ª Fase, de los 14 a los 20 años, el adolescente necesita estar todo el tiempo posible con sus amigos y no con los padres. Eso suele molestar a la familia que aún quiere ir con ellos a la playa en lugar de que su hijo se vaya sólo con los amigos a ésta. Intentamos reafirmar nuestra personalidad, aunque seamos sin saberlo como nuestros padres.

"El amor ahuyenta al miedo y recíprocamente el miedo ahuyenta al amor. Y no solo al amor el miedo expulsa; también a la inteligencia, la bondad, todo pensamiento de belleza y verdad y solo queda la desesperación mundana; y al final, el miedo llega a expulsar del hombre la humanidad misma".

Paulo Coelho

CONSECUENCIAS DE NUESTRA EDUCACIÓN EN EL DOLOR

Hemos aprendido a estar siempre en estado de alerta al educarnos casi exclusivamente fijándonos en lo negativo que ocurre a nuestro alrededor, preparados para atacar o defendernos, corrigiendo al que supuestamente ha hecho algo mal con agresividad, humillación o dureza en nuestras llamadas de atención; en vez de animar a las personas, de alegrarnos de sus superaciones y logros, sabiendo que si otro ha podido lograrlo nosotros también ya que al fin y al cabo tenemos una cabeza igual que el otro.

"Un largo camino se empieza con el primer paso".

ERRORES QUE SUSTENTAN EL MIEDO:

1. Fijarnos en lo negativo y no en lo positivo.
2. Sancionar, en lugar de reforzar.
3. Imponer, en lugar de negociar y dialogar.
4. Emplear el deber y el miedo, en lugar de motivar y dar libertad para cometer errores.
5. Potenciar socialmente:

   - El inmovilismo, en lugar de la creatividad.
   - La dureza, en lugar del amor.
   - La insensibilidad, en vez de la sensibilidad.
   - El pesimismo y el fracaso, en lugar de la esperanza.
   - La obediencia, en lugar del razonamiento.
   - La desconfianza, en lugar de la confianza.
   - La humillación, en lugar de la autoestima.

Desde el punto de vista psicopedagógico nuestra educación ha fallado en principios esenciales, pero hemos de ser justos con nuestra historia. Nuestros padres y abuelos crecieron en situaciones precarias, en un país que se reconstruía de una guerra y que estaba rodeado por países que participaban de una guerra mundial. La mano férrea que castigaba por ser disidente de las ideas de las clases gobernantes, vecinos y hermanos que se denunciaban por envidias (las mejores tierras, el hijo más guapo o inteligente, la mujer más bonita,...)

una religión que culpabilizaba, que predicaba "el valle de las lágrimas", creó unos padres con unas creencias basadas en lo negativo y en el miedo.

Se pasaban todos los adultos que nos rodeaban preocupándose, los motivos eran lo de menos, cualquier situación era una buena excusa para temer lo peor y sufrir. Estaban siempre en alerta previendo y avisándonos de todos los peligros reales e imaginarios que se les pudieran ocurrir.

Temían nuestras enfermedades infantiles, cuando éstas lógicamente forman parte del crecimiento, transmitiéndonos miedo a la enfermedad, sometiéndonos a veces a pruebas innecesarias que los médicos realizaban para tranquilizarlos o a operaciones preventivas (extirpación amígdalas) para evitar males mayores. Sufrían si éramos movidos o por si éramos quietos, temían que fuéramos egoístas si no compartíamos o si eras demasiado generoso y lo prestábamos todo; si salíamos poco con amigos o si por el contrario nos gustaba estar todo el día en la calle. Nos reñían por hablar por teléfono o nos interrogaban por lo que nos ocurría si no nos llamaban amigos/as; se enfadaban si pedíamos, nos solían decir: "te ha hecho la boca un fraile, siempre pidiendo", o nos interrogaban por nuestro estado de ánimo inquisitoriamente si no nos atrevíamos a pedir nada...

Había que hacer realidad que "la vida era un valle de lágrimas". Éste tipo de educación enseñó a los niños a estar en "alerta" ante cualquier situación que se pudiera convertir en enfado, pena o disgusto.

Nuestros mayores habían crecido sufriendo y nos enseñaron que la vida era sufrimiento.

A ellos solo se les prestaban atenciones en la enfermedad, las madres tenían demasiado trabajo, cocinar, limpiar, lavar la ropa (la lavadora automática llegó en los años 60) cualquier tarea ocupaba demasiadas horas; así que solo se le dedicaba tiempo y atenciones especiales al niño que enfermaba. Se nos enseñó a premiar la enfermedad y ser un poco "pupas". El niño que comía y crecía sano, pasaba como un fantasma entre los hermanos y parientes. Las familias hablaban a todas horas de los hijos que creaban conflicto, convirtiendo a ese hijo en el centro de la vida emocional y familiar por el sufrimiento y el miedo que experimentaban los padres a perder el control de la vida del hijo conflictivo. Los otros hijos pasan sin pena ni gloria, hemos vuelto a premiar al hijo conflictivo, solo existe él.

La educación que transmitimos hoy en día (somos consecuencia de la educación recibida, tanto por imitación como por oposición) sigue funcionando al contrario de lo deseable, les sensibilizamos hacia lo que les puede producir inseguridad, intranquilidad y desconfianza, así como una baja autoestima, insistimos en lo que hacen mal, en lo que no nos gusta en ellos, en lugar de sensibilizarlos hacia lo positivo, lo que les da seguridad, confianza en sí mismos, recalcándoles lo que hacen bien, mostrándoles sus cualidades.

- La inseguridad, en lugar del refuerzo, de la autoestima.
- El tener, en lugar de ser.
- El egoísmo, en lugar de la generosidad.
- El aislamiento, en lugar de la empatía.
- El individualismo, en lugar del equipo.
- La hipocresía, en lugar de la transparencia.

A nivel social hemos potenciado:

1. El consumismo sobre el consumo sostenible.
2. La intolerancia sobre la flexibilidad.
3. La estrechez mental sobre mentes abiertas, innovadoras.
4. Dogmatismo en lugar de respeto por la inteligencia.
5. Estrés por encima de la salud.

La buena noticia es que todo éste fiasco fue y es educado, así que busquemos nuestras creencias que nos provocan dolor y reeduquémoslas.

"Lo que tú crees de ti mismo, es lo que los demás creerán de ti".

Cojamos el charlatán que todos llevamos dentro, que una y otra vez hasta 40.000 veces en un día nos repite nuestras creencias negativas, y crea frases en nuestro pensamiento y en nuestras palabras que nos confirman en nuestros miedos:

<No puedes> <No sabes> <No cambies, más vale malo conocido que bueno por conocer> <No lo intentes, sufrirás>.

DEJA DE ALIMENTAR TU VIDA CON PENSAMIENTOS NEGATIVOS. Te roban tu poder personal y te paralizan de miedo.

¿Qué puede contribuir en nuestra educación a generar creencias asociadas a la ansiedad y al miedo?

Nuestra personalidad se desarrolla a partir de la combinación de los siguientes aspectos:

1. Los métodos de disciplina utilizados para entrenarnos (educarnos) y socializarnos.
2. Los valores y creencias de la familia donde crecimos.
3. Su herencia biológica.
4. Los modelos de rol representados por los adultos de tu entorno mientras crecía.

5. Nuestro lugar dentro de la constelación familiar: tipo de matrimonio de nuestros padres (segundas nupcias, divorcio), orden de nacimiento (primer hijo, hijo mediano...), sexo de los hermanos, si somos adoptados, si ha muerto algún hermano o uno de los progenitores, minusvalías o enfermedades graves de algún pariente cercano (padre / madre, hermano / a), crianza de los hermanos por separado en distintas casas (tíos, abuelos en el pueblo...) etc.

6. Las influencias sociales y culturales presentes durante la etapa de nuestro crecimiento (por ejemplo ser de la generación del 68, crecer en España después del cambio político. Laicismo o sociedades basadas en tradiciones religiosas; democracia o monarquías absolutistas o dictaduras militares, apertura sexual,...).

7. Como interpretamos cada uno de nosotros los factores anteriormente mencionados durante nuestro crecimiento.

3

DISTINTOS TIPOS DE MIEDO

A estas alturas del libro entendemos que la experiencia del miedo es ineludible pues forma parte de la propia fisiología de la especie humana, y nuestros mayores educados en creencias y actitudes generadoras de miedo nos han transmitido sus propios miedos.

Hay cinco verdades que todos debemos conocer sobre el miedo.

- El miedo no desaparece al crecer, por mucho que esperemos a que nuestro miedo sea el que sea desaparezca cuando me haga mayor, cuando tenga más experiencia, cuando ya no sienta ningún miedo; el **entonces** y el **cuándo** no hacen desaparecer el miedo. Sé que te enfadarás conmigo por descubrirte esta verdad pero es un alivio saber que no hay que esperar o esforzarse tanto para liberarse del miedo. Éste desaparece cuando fortalecemos la confianza en nosotros mismos y esto ocurrirá si sigues leyendo y practicas los ejercicios del libro.

- Solo nos liberamos del miedo al hacer lo que nos da miedo a pesar del miedo. Muchas veces el miedo que sentimos es desconocimiento, al hacer y vivir por vez primera esa situación hace que la conozcamos y con ello le perdamos el miedo. El miedo a conducir que algunos sentimos en las primeras veces, tiene que ver con "ser capaz", a los primeros exámenes, a las primeras citas, a las primeras conferencias, no son más que desconocimiento de nuestras auténticas capacidades.

- Hacerlo es la única manera de sentirse bien.

  Cuando nosotros nos enfrentamos a un miedo realizándolo, no solo se disipa el miedo sino que se obtiene una gran sensación de realización, de progreso. Aunque no hay que olvidar que tendremos aún que ir afrontando más retos, nuevos miedos y que con cada logro, cada liberación nos sentiremos más capaces.

- Todos sentimos miedo cuando entramos en territorios desconocidos o poco familiares.

Cualquier actividad que nos ponga a prueba en un aspecto nuevo nos provoca miedo. Pero el miedo se desvanece cuando lo nuevo se convierte en rutinario, aumentando la autoestima. El problema está que nos parece que los demás tienen habilidades para todo y que los únicos que nos sentíamos inadecuados y con miedo somos nosotros. ¡Nadie excepto yo se pondrá nerviosa al hablar en el Salón de actos!, me decía una alumna, "todas están tranquilas". Me la miré y sonreí luego le señalé la salita de visitas, en ella estaban dos compañeras llorando nerviosas por la actividad. Todos sentimos algún que otro miedo ante lo no habitual.

- Vencer el miedo asusta menos que convivir con él.
No hay nada peor que el sentimiento de impotencia ni nada más doloroso que convivir con un miedo que no sabemos cómo afrontar. Las personas que se niegan a correr riesgos viven con una sensación de temor a que algo terrible que ellos no puedan controlar les ocurra, en cambio si afrontaran los riesgos verían que tienen más capacidades y habilidades de las que creen para afrontar cualquier situación que la vida les depare.

También nos habremos dado cuenta de que no somos los únicos en experimentar miedo, tanto en grados casi patológicos como son las fobias, los ataques de pánico o más moderados como puedan ser los miedos cotidianos a que algo no salga bien. Pero tanto unos como otros tienen un común denominador, el hecho de que quienes lo sufren no pueden vivir la vida como aspiran experimentarla.

Descomponer el miedo

A lo largo de estos años de dar cursos de autoestima, y de consecución de metas, fui comprobando que los obstáculos más grandes nos los encontrábamos en el capítulo de los miedos; estos se construían, deconstruían y transformaban una y otra vez hasta adquirir niveles graves de parálisis en nuestras opciones de vida. Después de observar los distintos tipos de miedo podríamos descomponer el miedo en dos categorías y tres niveles.

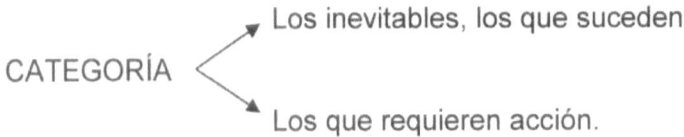

CATEGORÍA
- Los inevitables, los que suceden.
- Los que requieren acción.

Miedos del nivel 1.

Los temores de este nivel son muy variados y están claramente orientados hacia la situación, es un miedo más superficial que de una manera u otra vamos controlando, logrando incluso que no se nos noten, podemos evadirlos con distintas excusas o desviando conversaciones. Pero lo más insidioso del miedo es que impregna muchas zonas de nuestra vida, y se extiende a áreas próximas al miedo original, por ejemplo, si uno tiene miedo a relacionarse con personas nuevas, a crear nuevas amistades, es normal que con el tiempo tenga miedo ir a encuentros, a discotecas, a fiestas, a tener relaciones íntimas, a cambiar de trabajo o escuela...

Miedos a lo inevitable	Miedos que exigen acción
Morir.	Empezar o terminar una relación.
Envejecer.	Tomar decisiones.
Jubilarse.	Aceptar responsabilidades.
El nido vacío (los hijos dejen el hogar)	Uso de aparatos tecnológicos (teléfono, ordenador...)
Catástrofes naturales.	Cambiar de carrera.
Cambios económicos a lo largo de la vida.	Hacer amistades.
Cambios (de trabajo, de salud, de piso...)	Volver a estudiar.
Accidentes.	Volver a la escuela después de vacaciones.
A estar solo.	Perder peso.
A la enfermedad.	Entrevistas de trabajo.
A las guerras.	Conducir (coche – moto).
A sufrir un atraco / violación.	Hablar en público.
Perder a un ser querido.	A los fracasos.
Al dolor emocional.	Intimidad.
Al parto.	Hablar de emociones.
Ir a un hospital.	A los errores.
A los médicos (dentistas...)	Al ridículo.

Miedos del nivel 2.

Involucran al yo, están asociados con los estados interiores de la mente. Muestran el sentido del yo y sus habilidades de controlar la vida y sus situaciones. Por esto este tipo de miedos provocan un estado generalizado de miedo, si tememos al fracaso, generalizamos ese miedo a fracasar en el trabajo, con la pareja, en las relaciones íntimas, en el hecho de conquistar o agradar al sexo contrario, en las entrevistas de trabajo,... el fracaso se extiende como una negra sombra que poco a poco va avanzando cubriéndolo todo; y esto es aplicable a cualquier de los miedos del nivel 2.

- ÉXITO	- SER EXCLUIDO	- IMPOTENCIA
- FRACASO	- PÉRDIDA DE IMAGEN	- DESAPROBACIÓN
- RECHAZO	- PÉRDIDA DE CONTROL	- SER ENGAÑADO
- SER DÉBIL	- SER ABANDONADO	- PÉRDIDA DE AUTORIDAD

Éstos miedos fueron educados en nuestra más tierna infancia y son consecuencia de los chantajes emocionales o las formas de castigo familiar. Incluso los padres que no aplican castigos explícitamente tienen formas de castigar implícitas.

Laura contaba un día en un grupo de trabajo que su padre nunca le prohibía nada, solo le decía lo que a él no le gustaba que ella hiciera, y le dejaba decidir a ella sobre el tema en cuestión. Deseó ir de colonias con el colegio a los 12 años, pero no iba, porque su padre le había comentado que sufría por el "placer y disfrute" de ella; así que cuando llegaban las colonias ya ni lo decía en casa, porque si ella hacía algo que a él no le gustaba la miraba decepcionado, en voz alta mirando al techo decía: "que dolor, que decepción, no es la hija que yo merezco" y hasta que ella no renunciaba no le hablaba.

Pero ese año, una etapa difícil, decidió ir de colonias y dijo que sí en el colegio, su madre firmó el papel. Su padre padeció un problema de salud durante las colonias. Una

45

subida de tensión arterial y acudieron a urgencias, no ocurrió nada, fue algo emocional (la rabia contenida por no haberla controlado), pero ella se sintió culpable siempre, al regresar su familia desaprobó su comportamiento, nadie le impuso un castigo pero la miraban y hablaban en tono de reproche.

Laura no volvió a hacer nada que no le gustara a las personas que ella amaba, a los amigos, a sus jefes, a los vecinos,... hasta que a los 30 años explotó en un ataque de pánico.

Miedos del nivel 3.

Yo defino el miedo y sus niveles con la alegoría de la cebolla, las finas capas superficiales son los miedos cotidianos: conducir, a las ratas, a las alturas, y con pequeños trucos los vamos sorteando y sobreviviendo, aunque si los analizamos nos daremos cuenta que son una extensión de capas más profundas de la cebolla, son los miedos del Yo, los que condicionaron nuestra acción, nuestras reacciones, el miedo con que se nos mantuvo a raya, protegidos de nosotros mismos cuando éramos pequeños y jóvenes rebeldes; si se nos inculcó el miedo al abandono, <si no haces esto por mamá (ejemplo comer) mamá no te querrá>, <has sido malo, así nadie te querrá>... Los miedos del nivel 2, son tan fuertes que se ramifican hacia esas capas exteriores adquiriendo distintas formas del mismo miedo "el abandono", temeremos cualquier acto o decisión por generalización que pueda conllevar como resultado "un abandono".

Sí seguimos ahondando llegamos al corazón de la cebolla, al más grande de nuestros miedos, el que nos tiene atascados alrededor del cual gira nuestra vida; y a la vez es tan poco espectacular, es el convencimiento de que nosotros "**no vamos a poder soportar / afrontar**" algo en concreto.

El meollo de la cuestión, de donde nacen nuestras incapacidades, nuestra ansiedad anticipada o nuestro ataque de pánico, es del falso convencimiento de que "no vamos a poderlo soportar / afrontar".

"En el centro de cada uno de nuestros miedos, está únicamente el miedo a no poder soportar / afrontar lo que nos espera a cada uno en la vida"

La Verdad es que todos superamos cualquier cosa por desagradable, dolorosa, desconcertante o inesperada que la vida no prepare. Todos seguimos adelante y el tiempo alivia y empuja a seguir con la vida.

Si miramos y analizamos la historia, el ser humanos siempre ha sobrevivido y superado horrores. Los campos de concentración (tanto en Europa, como en Japón, Vietnam), los genocidios, las invasiones, las colonizaciones; la esclavitud; la viudedad, la orfandad; los abusos sexuales; la enfermedad, el dolor, la tortura,...

El ser humano ha dejado huella de su fortaleza, y cada uno de nosotros somos iguales a uno de esos antepasados o coetáneos que están viviendo una situación que siempre pensaron que "no podrían soportar". Los miedos producen más dolor mientras están como un pájaro negro que revolotea por nuestra imaginación que cuando bregamos con él.

No hay nada que no se pueda superar / afrontar o soportar. ¡NADA!

Lo que acabas de leer significa que podemos con todos nuestros miedos sin tener que estar controlándolo todo. Solo hay que cambiar la perspectiva, el ángulo en cómo has mirado las cosas hasta ahora. Has de aumentar tu confianza en tus capacidades. Has de reconocer que eres capaz de superar o afrontar cualquier situación que aparezca en tu vida.

Eres un surfista que espera a las olas, no sabes si serán bravas, grandes, flojas, si no habrán, si aparecerá la gran ola, solo esperas disfrutando de tu tabla y el mar, confiando en tus habilidades y perspicacia, preparado para surfear.

Si entendemos esta realidad, será un gran alivio, ya no tendremos que controlar lo que hacen los amigos, los hijos, el jefe, la pareja, nuestros vecinos, lo que ocurre en cualquier conversación, podremos simplemente fluir, disfrutar del momento, vivir confiados.

Si observamos el miedo de este nivel, comprobamos de nuevo que su reflejo también llega a los miedos de nivel 1, ya que es su promotor:

- No podré afrontar la muerte de mis padres.
- No puedo superar mi miedo a envejecer.
- No puedo soportar pasar por tonto.
- No puedo soportar la idea del divorcio (perderla / lo).
- No puedo superar el miedo a quedarme sin dinero.
- No puedo soportar la idea de enfermar.

Así como a los de nivel 2:

- No puedo soportar el abandono.
- No seré capaz de afrontar el fracaso.
- No podré ser capaz de superar el rechazo.
- No podré superar saber que me han engañado...

FALTA DE CONFIANZA

En este punto sé que en la mente de los lectores está ocurriendo lo mismo que en la de los alumnos, "el crítico interno", como yo llamo a esa vocecita interior que nos habla todo el día (esos 60.000 pensamientos diarios) nos está diciendo: "Venga, va... ¿quién va a tener capacidad para superar la muerte de un hijo o un cáncer?

El problema reside en que no nos enseñaron a tener confianza en nosotros mismos ¿por qué? Porque nuestros padres tampoco la tenían, y esto unido al instinto de la propia especie de cuidado y protección de las crías, hace que nos eduquen en el miedo.

Todos recordamos, incluso bromeamos a veces hartos de oír la consabida cancioncita: Ten cuidado...

Esa palabra contiene un doble mensaje: Hay peligros y tu no podrás afrontarlos; aunque lo que realmente piensa la madre, y se ahora no por teoría sino por experiencia personal que es así, ya que soy madre de tres hijos, que los que las mamás pensaban cuando nos decían: ¡Ten cuidado! Era: si te ocurre algo, yo no podré afrontarlo.

Muchos padres saben la sensación de responsabilidad y preocupación que sienten cuando sus hijos de 14 años les piden una motocicleta. Y el variado de respuestas "Te quiero demasiado para dejar que te pase algo", "No eres responsable y no sabrás conducir evitando los peligros". Incluso aquellos padres que acceden suelen avisarles: "No puedo evitar que la tengas, pero sufriré cada vez que la cojas".

CLASIFICACIÓN DE LOS INSTINTOS

1. INSTINTOS DE CONSERVACIÓN DEL INDIVIDUO.
2. INSTINTOS DE CONSERVACIÓN DE LA ESPECIE.
3. INSTINTOS DE MEJORA DEL INDIVIDUO Y COMO CONSECUENCIA DE LA ESPECIE.

INSTINTOS DE CONSERVACIÓN DE LA ESPECIE

• **PROTECCION DE LAS CRIAS:**	• **INSTINTO SOCIAL:**
- Protección de los embriones.	- VOCALIZACIÓN.
- Construcción de nidos.	- JERARQUÍAS
- Cuidado y protección de las crías.	(Relaciones Sociales)

• **INSTINTO SEXUAL:** - Ritos nupciales.

No les enseñaron a lanzarnos a los peligros, a empujarnos fuera del nido sin garantías, el instinto es fuerte y sus miedos también.

Pero la especie es fuerte lleva sobreviviendo y evolucionando hace millones de años, así que si ellos **pudieron superarlo** nosotros también.

Así que aprendamos lo que no nos enseñaron por ignorancia cuando éramos pequeños:

¡Yo puedo superarlo!

¡Yo puedo afrontarlo!

¡Pase, lo que pase en cualquier circunstancia o situación yo puedo afrontarlo!

Cuanta más confianza tengamos en nosotros mismos, una mejor auto imagen y una alta autoestima, más seguros estamos de poder superar cualquier prueba del camino.
Así que desarrollemos el pensamiento positivo.

4

PENSAR POSITIVAMENTE

La auto imagen que creamos de nosotros durante la infancia y la juventud, dieron soporte a nuestra autoestima y estas determinan en buena parte nuestra conducta.

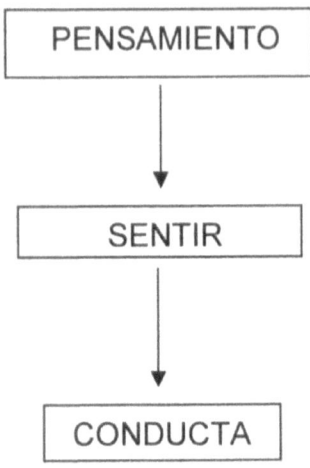

La relación existente entre pensamientos y sentimientos es uno de los elementos clave de nuestra conducta, que influye inexorablemente en la percepción que tenemos de nosotros mismos (auto imagen) y de la que tenemos de nuestro entorno.

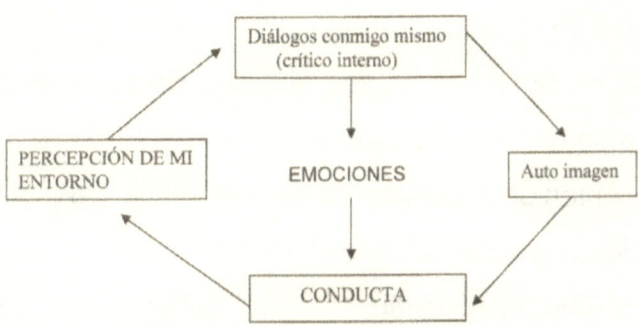

Más adelante vemos que una conducta asertiva nos ayudará a tener una mejor auto conciencia y una más alta autoestima generando en nosotros un lenguaje positivo que ayudará a pensar positivamente.

Actuar para cambiar.

William James, fundador del primer laboratorio de psicología en la universidad de Harvard en el Lawrence Hall, ya dijo en 1884 *"Tenemos miedo porque corremos, no corremos porque tenemos miedo".*

El hizo notar que primero tenemos la reacción sensorial y motriz (nuestra mente instintiva interpreta algo como peligro, un olor, una luz, un cambio de temperatura...) y después como consecuencia, tenemos la conciencia de la emoción. Según James, no corremos porque tenemos miedo, ni lloramos porque tenemos pena; afirma que tenemos miedo u pena porque corremos y lloramos.

Primero viene la acción y casi siempre después le sigue la conciencia de la conducta emocional.

Se ha obtenido demostración empírica de que el procesamiento emocional puede transcurrir por dos circuitos separados uno consciente y otro inconsciente. También sabemos que hay memorias emocionales inconscientes que condicionan nuestras respuestas (conductas) actuales y futuras.

Sí entendemos que debemos actuar como si no tuviéramos miedo, y lo hacemos a pesar de lo que creemos sentir, terminaremos sintiendo valor y poder.

"Valiente es aquel que hace las cosas aunque sienta miedo, quien las hace sin miedo es habilidoso".

En Perú veía porteadores, jóvenes cargados con grandes sacos a sus espaldas, algunos con más de la mitad de peso del que ellos mismos pesaban, caminando por desfiladeros, acantilados y cruzando elevados puentes construidos con gruesas cuerdas y tableros de madera que se movían habilidosamente por ellos yendo y viniendo, esos jóvenes se convertían en el único medio de transporte de mercancías. Yo sentía vértigo y un terror a la sensación de abismo horroroso. Seguro que alguno se lo puede imaginar. Y por razones de trabajo tenía que estudiar las costumbres de un grupo que vivía en una zona aislada del altiplano.

Cada vez que teníamos que caminar por caminos estrechos a alturas de más de 3.800 metros yo me sentía morir. Estaba convencida de que no podría. Evidentemente mi grupo me ayudaba y alentaba, no podía quedarme allí en medio y ellos tampoco. Pero era conmovedor como me vitoreaban y aplaudían cuando conseguía superar mi miedo y cruzaba el puente o llegaba al tramo ancho y seguro del camino.

Un día un niño que ayudaba a su papá a cargar un mueble, al verme terminar el tramo me gritó: ¡Valiente! ¡Esta señorita tiene mucho coraje!

Y me dio las más emotivas palmaditas que jamás había recibido en mi espalda, pues fatigada y con el corazón aún a todo galope me había sentado en una roca. Yo algo confundida le respondí que el valiente era él y su papá por cómo se movían por los caminos con tanto peso, él muy serio me respondió: ¡Nosotros somos habilidosos, lo hacemos desde siempre, los pies saben dónde deben ponerse!; y se marchó hablando de mi valor con su padre y los otros porteadores.

Entendí que ser valiente significaba hacer las cosas aunque nos dieran miedo.

El siguiente puente de madera lo pase intentando no mirar al suelo, así que cogí el brazo de uno de los porteadores que iban con nosotros que tocaba la ocarina y contaba unas fábulas magnificas. Lo crucé sin experimentar pánico, ¡fue una sensación vigorizante! Una sensación de PODER. Hoy en día he llevado a todos mis hijos por esos caminos del Inca, y a estudiantes. Voy con ellos a altas Montañas del Himalaya (India, Nepal y Tíbet) a enseñar a identificar y recoger plantas a estudiantes de Medicina Tibetana. Hoy puedo disfrutar de todo el esplendor y la belleza de esos lugares. Ya no hay valentía, hay habilidad.

LAS EMOCIONES COMO VÍA DE APRENDIZAJE

Nuestras emociones son la base de nuestra experiencia. Gracias a ellas aprendemos y recordamos mejor lo aprendido, las lecciones aprendidas de forma séptica, son conocimientos fríos y desprovistos de emociones que se olvidan a los pocos días si no son repasados periódicamente. Pero los conocimientos como las experiencias vividas que han ido acompañadas de fuertes emociones quedaran gravadas *a fuego* en la memoria.

Las emociones que acompañan al aprendizaje son como el seguro anti borrado de una cinta de video, son excelentes guardianes del conocimiento adquirido.

Cada vez que nos encontramos ante una situación ya vivida o en una situación equivalente, efectuamos rápidamente una evaluación de la situación, y en función de lo vivido anteriormente éxito – fracaso seguimos con el mismo estímulo – respuesta ya grabada o intentamos actuar de forma distinta. Aunque a veces no nos percatamos de la situación y actúa el estímulo – respuesta que nos conduce de nuevo al fracaso porque el miedo del nivel 3 (no puedo asumir / afrontar...) ha actuado antes que nuestra mente analítica.

Todos tenemos un repertorio de sabiduría emocional que hemos adquirido viviendo nuestra vida y que usamos cuando tomamos decisiones cotidianas.

Las memorias de nuestras particulares vivencias nos sirven para establecer nuestras conductas no sólo motivadas por el instante preciso en que se produjeron, si no que nos condicionarán el resto de nuestra vida.

COMO DOMINAMOS EL MIEDO

En realidad el como "**dominamos**" el miedo es el punto importante del problema. Como hemos visto unos lo convierten en un aprendizaje, una habilidad, des de una posición de poder dominan su miedo (elección, activación y acción), otros lo convierten en un estado de parálisis e incapacidad, como yo cuando no podía avanzar por el miedo al abismo, elegía una posición de dolor (impotencia, depresión y parálisis). Y aquellas dulces, cálidas y expresivas palmaditas consiguieron trasladarme del dolor al poder.

Al poder interior, poder sobre el conocimiento de mis reacciones; poder de poner alegría en todo lo que hago y vivo; poder para hacer lo necesario para crecer como ser humano; poder para saber vivir en plenitud a pesar de lo que ocurra; poder para amar y ser amado; poder para respetarme y no aceptar chantajes que me devuelvan al lugar del miedo.

Hablo del poder de ser consciente de uno mismo y ser libre, ya que dejamos de esperar que los otros nos satisfagan, nos compensen.

El poder del que hablo es la capacidad de lograr hacer aquello que uno quiere y desea de corazón; este poder elimina la inquietud y nos coloca en un centro permanente de alta autoestima y paz interior.

Cuanto más alta sea nuestra autoestima y más auténtica nuestra auto imagen, más confiados vivimos nuestras vidas, y más positivos afrontamos cualquier circunstancia y eso atrae como un imán gente y situaciones positivas. Pero cuando esta positividad se transforme en poder interior, en capacidad de fe en nosotros mismos, entonces seremos auténticos.

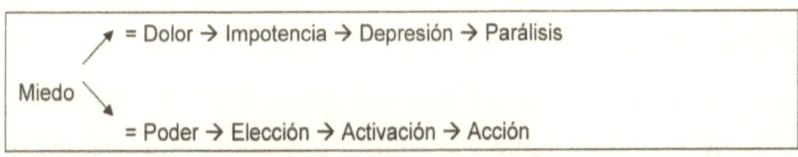

"Para hacer cualquier cosa, se necesita cambiar. No hay construcción sin deconstrucción".

La relatividad al servicio de nuestras emociones.

Quería hacerle entender a un muchacho de 16 años que las cosas nunca son de una sola forma y que todo puede ser bueno o malo dependiendo de la interpretación que haga cada uno de nosotros de ello.

Era muy testarudo pues le habían educado dentro de un concepto exagerado del empirismo. <Todo era medible>. <Lo

que era intuible, no era cierto pues no se podía demostrar en un laboratorio>. <Los sentidos veían y percibían la realidad>.

Así que decidí hacer una clase práctica, me ayudaron a llenar una jarra grande de agua y la pusimos a calentar en un pequeño hornillo eléctrico, mientras llenamos una palangana con agua del baño y le añadimos un saco de cubitos de hielo que habían ido otro grupo a comprar al bar, por último llenamos una tercera palangana con agua a temperatura ambiente, tal como salía del grifo. La primera que estaba aún vacía se llenó con el agua caliente, le pedí a mi joven alumno que sumergiera la mano derecha en el agua enfriada con cubitos y la izquierda en la caliente, durante un minuto.

Le ordené: - ahora saca las manos y coloca las dos en la palangana que aún no has usado.

¿Cómo está el agua?

Me miraba desconcertado: - Calor en la derecha y frío en la izquierda.

La mano derecha que había estado en el agua helada, sentía que el agua a temperatura ambiente estaba caliente; la mano que había estado en el agua caliente, la sentía fría, pero las dos manos estaban en la misma palangana.

....

- Ir del Dolor al Poder.

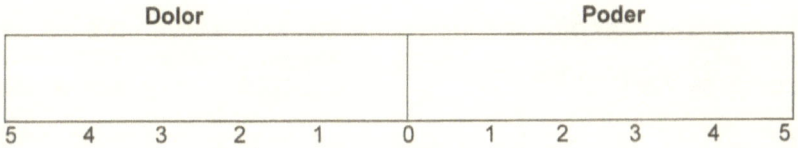

Vamos a construir nuestra nueva forma de interpretar el miedo. Si analizamos el diagrama vemos que el punto central es haber pasado a la activación y que hemos dejado atrás la parálisis del miedo.

Marca en el diagrama donde te ubicarías en estos momentos, estás al principio entre el 4 y el 3, ¿te sientes deprimido y paralizado?, entre el 2 y el 1, ¿te sientes activado y enérgico, con confianza en que lo vas a conseguir?; o entre el 1 y 2 del Poder, ¿te aceptas, te gustas, vas entendiendo las experiencias de tu vida de otra forma?

Recuerdo una frase que oí que un Lama le decía a un joven monje que se mostraba desolado por no haber sabido mantener sus emociones en equilibrio:

"¡Hasta los budas tienen su día!"

Antes de jugar con nuestro Diagrama del Poder, vamos a hacer el siguiente ejercicio:

63

"Respira lentamente y centra tu atención en vaciar todo lo que te sea posible tus pulmones, el aire entrará sin esfuerzo. Para recuperar una respiración amplia, profunda y relajante es muy importante vaciar bien los pulmones. Estás preparándote para reflexionar y necesitas paz para que tu crítico interno no se dispare."

Cuando sientas paz en tu interior responde a las siguientes cuestiones en el espacio para ello.

- ¿Cuáles son los cinco problemas más importantes que tuviste durante la infancia?

1)

2)

3)

4)

5)

Deja aquí la lista y distráete con algo unos 15 minutos.

Relee la lista de "los cinco problemas más importantes problemas de tu infancia" y puntúa cada uno, del 1 al 10, siendo la nota más alta (10) para el que te fue más doloroso e insoportable, más traumático, y la más baja (1) para el que menos. Tómate el tiempo que necesites.

Ahora escribe en el espacio que hay para ello, las cinco desgracias más importantes que podrían haberte ocurrido en tu vida pero NO han pasado nunca. Han de ser tan fuertes y grandes que todas llevarían un 10 si las tuviéramos que puntuar.

1)

2)

3)

4)

5)

Ahora recién terminada esta nueva lista vuelve a tus cinco problemas más importantes, fíjate en la nota que les has adjudicado, compara con la nueva lista de las cinco desgracias.

¿Ves lo que ha sucedido? ¡Has relativizado!

Nos ha ocurrido sencillamente que hemos cambiado nuestro punto de referencia, como mi joven alumno con la palangana de agua. O el dibujo de la señorita que baila Cancán o la mujer mayor con pañuelo que recuerda al muñeco apodado Doña Rogelia.

Unos verán una gentil joven de fina barbilla con la cabeza girada hacia la derecha, viéndose apenas su pequeña nariz con una pluma en la cabeza y una cinta en el cuello como adorno, mostrando su oreja izquierda, yo le llamo la chica del can-can; otros verán la mandíbula convertida en una gran nariz tipo gancho con un prominente mentón y el collar de la joven convertido en unos labios muy estrechos. La curva que ocupa el centro del rectángulo corresponde en la visión de la joven a su fina oreja y en la segunda imagen, es el párpado de la fea anciana.

Esta figura es tal vez la más conocida de la psicología experimental. A nuestro cerebro le es imposible ver ambas figuras a la vez, aunque están las dos nuestra atención solo puede observar una cada vez.

¿Cuál has visto tú en primer lugar? ¿Has podido ver las dos?

Hay quien solo es capaz durante mucho rato de ver una de las dos figuras, les cuesta cambiar "el punto de referencia", otros lo hacen rápidamente y a algunos os habrán de ayudar tapando algún punto del dibujo con el dedo para que podáis ver la otra imagen.

Lo que me preguntan en los grupos de trabajo es el significado de ver primero la joven o la anciana; ¿os lo habéis preguntado?

Bien, no es más que una teoría ya que el experimento se diseñó para demostrar que los sentidos no son tan fiables como insistían los racionalistas, pero se supone que el hecho de ver una u otra figura es debido al estado de ánimo de la persona, más alegre y positivo = la joven; más negativo o deprimido = la anciana.

Lo que importa no es lo que nos haya pasado si no la interpretación que hemos hecho de ello.

Si decidimos aprovechar como una oportunidad de crecer, superar y aprender cada hecho, cada miedo de nuestra vida, convertiremos los acontecimientos en algo motivador y enriquecedor que nos ayudan a ser mejores, a llegar a lo más alto, a la libertad personal y la paz interior, a eso se le llama vivir con AMOR. O bien podemos decidir no sacar ningún beneficio de las experiencias vividas, no salir del dolor, obteniendo parálisis, impotencia, miedo, perjuicio y dolor.

¿Qué escoges? ¡Dolor o Poder!

"Lo que cuenta no es lo que sucede, si no como reaccionamos ante ello".

Lair Ribeiro

5

REEDUCANDO EL MIEDO

Haz un dibujo del diagrama del Dolor al Poder, el simple hecho de decidir hacerlo y dibujarlo ya te ha colocado en una zona de Poder.

¡Comienza la acción! Es el primer paso de tu nuevo camino, recuerdas a Machado: "Caminante no hay camino, se hace camino al andar, paso a paso..."

Este podría ser un buen lema para escribir en el pie de su diagrama, cuélgualo en una pared o dentro del armario de tu dormitorio.

El hecho de verlo te recordará lo que quieres lograr. Clava un alfiler de cabeza gorda, los hay con muchos colores, en el punto donde crees encontrarte con relación a tu miedo más paralizante. Estás en el centro, controlas tus pensamientos la mayoría de las veces pero otras aún sientes la parálisis. Al principio totalmente aterrorizado, o en el principio del Poder, acostumbrándote a vivir en la nueva zona, en las habilidades y el Poder personal.

Mira cada día el diagrama y pregúntate: ¿Estoy en el mismo sitio o he avanzado? Mueve el alfiler según sea tu respuesta.

Usa el diagrama como un juego, recuerda que cualquier acción que te haga sentir de nuevo en el dolor, por no haber podido actuar asertivamente y con valor, es únicamente una "experiencia" de aprendizaje, y todos aprendemos desde niños con el ensayo – error.

Enfadarnos con nosotros da fuerza al crítico interno (esa vocecita despiadada que nos impide avanzar), así que piense y aprenda que es lo que quiere y como desea hacerlo la próxima vez.

Si tienes hijos estarán o habrán heredado algunos de vuestros miedos, así que podéis crear juntos sus propios diagramas de Poder, y haréis de la experiencia de crecimiento un juego familiar. Parece mentira lo rápido que entienden que es mejor el estado interno de paz y las grandes lecciones que ellos no dan.

Puedes y podéis hacer juntos tantos diagramas como decidáis, utilizadlos en cualquier aspecto de vuestras vidas: el cuerpo, la salud, la economía, el medio ambiente, las amistades...

Todos tenemos áreas en que nuestro poder personal es fuerte y en otras que no funcionamos. Por ejemplo: hay quien es poderoso en relación a su carrera profesional, o en los estudios, pero necesita trabajarse en cuanto a su aversión al ejercicio y los gimnasios; es decir, que es de los que cada Enero decide apuntarse al gimnasio y el máximo de ejercicio que hace es domiciliar bancariamente el recibo y dejar que cada mes el banco pague la cuota.

Solo tú puedes juzgar tu evolución, y lo único que cuenta es tu propio sentimiento de crecimiento y paz interna, los demás te verán igual el tiempo que ellos necesiten para perder su miedo a tus cambios.

"Si unes el pensamiento y la acción,
viajarás a través de la vida aprovechándola
al máximo y construirás un nuevo futuro para ti"

Lair Ribeiro

EL PODER DE LAS PALABRAS

La forma en que usamos nuestras palabras hace que nuestra calidad de vida y de relaciones varíe mucho. No nos damos cuenta, pero a lo largo del día hablamos bastante, igual que tampoco tenemos conciencia del impacto de nuestros mensajes, tanto en nuestro subconsciente como en los demás. Hay personas que no pararán de quejarse por todo y de todo, otras que no pueden evitar criticar a otras a sus espaldas, las que todo el día se lamentan de lo que les sale mal y lo torpes que son.

Nuestro lenguaje no verbal es también una parte importante de la comunicación con los demás; sin darnos cuenta expresamos con nuestro cuerpo, nuestra cara, gestos y miradas de: miedo o agresividad, tranquilidad y simpatía…

También hemos de prestar atención a la construcción de las frases que pronunciamos. Podemos decir: "Cierra el aire acondicionado. Me molesta el aire frío." O bien: "Te importaría si cerráramos el aire acondicionado pues me resfrío con mucha facilidad con los acondicionadores de aire."

S. Freud opinaba que las palabras son el instrumento básico de la conciencia humana y como tal tienen poderes muy especiales:

"Con ellas podemos darnos unos a otros la mayor felicidad o la más grande de las desesperaciones, con ellas imparte el maestro sus enseñanzas a sus discípulos, con ellas arrastra

el orador a quienes le escuchan, determinando sus juicios y sus decisiones. Las palabras apelan a las emociones y constituyen, de forma universal, el medio a través del cual influimos sobre nuestros congéneres".

Unas pocas palabras pueden mejorar la vida de alguien, convirtiendo alguna creencia limitadora en una perspectiva más clara, que nos permita nuevas y mejores opciones. Las palabras adecuadas pronunciadas en el momento oportuno tienen el poder de cambiar una vida. Pero también pueden resultar dolorosas, destructivas y limitadoras. Aristóteles, filósofo griego nos decía que:

Las palabras habladas son los símbolos de la experiencia mental, mientras que las palabras escritas lo son de las palabras habladas.

Aristóteles

Por lo tanto las palabras tienen poder porque constituyen una parte crucial de la propia experiencia mental. Hablar de algo hace más que reflejar nuestras percepciones, en realidad puede crear o modificar las percepciones, ofreciéndonos a través del lenguaje un proceso de cambio y superación.

AFIRMACIONES PARA AVANZAR

Las sensaciones y pensamientos activados por situaciones concretas, particulares, por ejemplo: "tener que ir en metro", "subir en ascensor", "pensar en el viaje en avión del verano" son el resultado de nuestra interpretación consciente e inconsciente de la propia situación.

Nuestras interpretaciones están basadas en pautas de pensamiento automáticas, la clave para cambiar el hábito aprendido, la pauta de comportamiento aprendido reside en el hecho de que los pensamientos son frases silenciosas que nos decimos nosotros mismos.

Las emociones están parcialmente controladas por la interpretación consciente de la situación, las afirmaciones que utilizamos para tranquilizarnos cuando nos sentimos asustados nos ayudan a reinterpretar la situación que deja de parecernos tan alarmante.

Pero tu miedo, tu ansiedad también es debido a la serie de afirmaciones negativas que automáticamente te repites una y otra vez en el interior de tu mente.

AFIRMACIONES POSITIVAS → Autoafirmaciones → Poder personal

AFIRMACIONES NEGATIVAS → Auto discurso negativo → Miedo y Dolor

Ejemplos más comunes del Auto discurso negativo y   auto afirmaciones que dan poder personal

Auto discurso negativo (Dolor) ⟶	Auto afirmación positiva (Poder personal)
• Esto es terrible	• Es una experiencia de aprendizaje
• No lo conseguiré	• Lo intentaré
• No puedo	• No lo haré
• No logro superarlo	• El tiempo me ayuda, me perdono
• Pero ¿cuándo terminará esto?	• Nada es eterno, todo termina. Encuentro soluciones
• Yo debo / debería	• Yo puedo / podría
• Tengo / tendría que	• Yo quiero
• No es culpa mía	• Soy totalmente responsable
• Es un problema	• Es una oportunidad
• Yo espero	• Yo sé
• ¿Qué haré?	• Se que puedo...
• Nunca estoy satisfecho	• Quiero aprender y crecer
• Si tan solo	• La próxima vez
• La vida es una lucha	• La vida es una aventura

Las Palabras de las autocríticas negativas son aprendidas, alguien en nuestra infancia nos las transmitió y nos ayudan a seguir estancados en nuestros miedos.

"Esto es terrible" suele utilizarse de forma inadecuada y asociada a situaciones que pueden ser incómodas o molestas pero para nada terribles.

<He perdido el autobús al ir hoy al trabajo, ¿verdad, qué es terrible? Incómodo, un fastidio, **Sí,** pero ser terrible evidentemente **No**.

<He engordado este fin de semana. ¿Es terrible? Engordar puede ser muchas cosas, pero vuelvo a insistir, terrible No.

Cuando nos referimos a las cosas triviales como terrible, nuestro subconsciente está registrando: Desastre... Desastre... y tú lo vives como un desastre, sustituye tu terrible por <es un aprendizaje>.

Sigamos analizando nuestras autocríticas <No puedo>, significa que tú no controlas tu vida, cuando realmente los "no puedo" son no me apetece hacerlo, no quiero hacerlo, <No lo haré>, nos sitúa en una posición de dominio, de capacidad de elegir. Cuando nos repetimos <No puedo>, el subconsciente se lo cree y registra: Soy Débil... Débil... pero tal vez hemos utilizado el no puedo para esquivar una situación incómoda como por ejemplo: rechazar una simple invitación a cenar. "No puedo ir a cenar esta noche a tu casa, mañana tengo una entrevista" tú subconsciente ha registrado tu incapacidad, eres una impotente víctima. Jamás utilices un no puedo, expresa tu necesidad: "Me gustaría ir a la cena pero tengo mañana una entrevista importante para mí. Me sentiré más seguro si me preparo esta noche. Confío en que me volverás a invitar".

Nuestro subconsciente nos ha oído exponer nuestro deseo y esta opción nos da poder interior.

Otra palabra que arrebata el poder es <Yo debería>, nos mueve sentimientos de culpa y desconcierto. "Debería ir a visitar a mi tía al hospital", substitúyelo por "Podría ir a visitar a mi tía al hospital pero hoy prefiero quedar con mi amiga para tomar un café".

Ponemos las cosas en el dominio de la elección en vez del de la obligación.

<No es por culpa mía> es otra de esas frases que jamás deberíamos pronunciar, nos mueve sentimiento de desamparo, "no es culpa mía si estoy enfermo", "no es culpa mía si no encuentro trabajo", "no es por mí culpa que me haya quedado sin trabajo". Si quieres salir de la impotencia, asume tu responsabilidad en lo que te suceda a lo largo de la vida, aceptar la responsabilidad nos permite entender que ha ido mal y poder cambiar en el futuro.

Di desde hoy: "Soy totalmente responsable de mi enfermedad, puedo cambiar mis hábitos". "Soy responsable de mis trabajos. En cada entrevista o curriculum vitae enviado aprendo a hacerlo mejor".

Un <Esto es un problema> nos hunde, abre la puerta a la superación y piensa "Esto es una oportunidad".

\<Confío\> es otra palabra victimizante, cámbiala por Sé, palabra que tiene poder.

"Confío en encontrar una pareja", ¿Cómo te suena? ¿Cómo te sienta en el cuerpo? "Sé que encontraré una pareja". A que suena mejor y el cuerpo siente la energía de quien está convencido de que va a ocurrir.

\<¿Qué haré?\>, es un gimoteo, el miedo rezuma por todas partes, "Sé que puedo afrontarlo"; en lugar de "¿qué haré? He perdido mi empleo". Di: "He perdido mi empleo. Sé que puedo afrontarlo".

Al aprender a cambiar nuestro vocabulario aprendemos a reeducar a nuestro crítico interno. A veces es difícil encontrar pensamientos alternativos, para que realmente nuestros nuevos pensamientos nos sirvan han de ser realistas, y que nos sintamos cómodos con ellos.

"Tu creas tu propio universo a medida que avanzas"

Winston Churchil

LAS TARJETAS DE LAS AUTOAFIRMACIONES

Ya que los pensamientos fluyen de forma automática, al principio resulta difícil pensar en frases poderosas cuando el miedo aparece. El remedio está en prepararnos tarjetas de color amarillo con nuestras frases positivas.

Realicemos una lista de frases de poder personal relacionadas con nuestros miedos, recítala cada noche durante 21 días leyéndola antes de acostarte. ¡Debe de ser lo último que hagas antes de dormirte! Durante el día podemos repasar mentalmente la lista mientras realizamos alguna actividad rutinaria.

Al principio puedes trabajar con la lista y los ejemplos que encuentras en el libro (mira la lista de autoafirmación positiva del siguiente capítulo), después debes empezar a crear y usar frases que espontáneamente le hagan sentir bien, poderoso, en paz.

Escoge de la lista algunas frases que puedan serte útiles cuando el miedo aparezca en tu mente y en tu cuerpo. En ese instante no estarás para memorizar, así que echa mano de tus tarjetas y léelas hasta que se reestablezca el poder interior.

"En lugar de pensar en el miedo piense en el coraje.
Piense en la alegría, en lugar de pensar en la tristeza"

6

PUEDES CAMBIAR TU VIDA

Un problema siempre es una oportunidad para que te auto realices. Uno de los instintos básicos humanos es el de mejora del individuo y como consecuencia de este crecimiento personal y de esta superación de obstáculos ayudarnos a evolucionar a la especie. Nuestra superación individual repercute en la evolución grupal desde hace miles de años.

Los instintos de mejora del individuo y de la especie.
- Instinto de curiosidad = Atracción hacia lo nuevo. Deseo de ampliar el campo de experiencias.
- Instinto de imitación = Ante lo desconocido si el individuo tiene a otro sujeto a quien observar, lo imitará instintivamente.

- Instinto de juego = Solo aparece en los mamíferos. Es experimentar el placer de tocar objetos y seres vivos, para compartir con ellos la búsqueda de nuevas experiencias. Es el camino para aprender.

Todo tiene un motivo, nuestro viaje evolutivo, así que podemos deducir que "todo lo que nos ocurre es por nuestro bien" (evidentemente evolutivo, no solo material).

El único error que cometemos es intentar ignorar esta dinámica, lo que llamamos, errores, fracasos, situaciones terribles,... no es más que información útil que nos indica con que aspecto de nuestra existencia no estamos en armonía, es un auténtico *feedback*, de acierto y error, de señal de alerta de que algo no lo abordamos de forma útil y saludable para nosotros.

El cambio es la única constante en el Universo, y por extensión en nuestra vida, vivir es encarar un reto tras otro, o si quieres aún podemos llamarle problema, lo que marcará la diferencia entre el dolor y el poder, será la forma en que los afrontes.

"El secreto de la vida no es hacer lo que te gusta,
Si no que te guste lo que haces"

Buda

Frases que sustituyen los problemas del miedo asociados a los: <Debería, debo, tengo que...> sustituirlos por: <Me gusta, escojo, decido, prefiero, elijo...>.

Ejemplo de Lista del cambio del Debo y Tengo.

Si piensas:	Tus frases:
• Tengo que ser valiente.	• Me gustaría ser valiente. • Quiero ser valiente. • Prefiero ser valiente.
• Debería ser más resolutiva.	• Elijo ser más resolutiva. • Quiero ser más resolutiva. • He decidido ser más resolutiva.
• Él debería ser atento.	• Me gustaría que él fuese atento. • Preferiría que él fuese atento. • Sería maravilloso que él fuese atento.
• Ellos tendrían que ser justos.	• Preferiría que ellos fuesen justos. • Quiero que sean justos. • Desearía que ellos fuesen justos.

Lista ejemplo a escribir y repetir durante 21 días para sustituir los Debo y Tengo.

- Elijo vivir tranquila y relajadamente.
- Me autorizo a escoger cómo reaccionar frente a las situaciones.
- Decido lo que quiero hacer.
- Acepto mi poder de escoger lo que deseo hacer.

- Asumo con felicidad la responsabilidad de mis emociones.
- Me permito expresar mis sentimientos.
- Alejo mis pensamientos negativos y escojo vivir en armonía conmigo mismo / a.
- Quiero ser feliz.
- Quiero que mi mente vea la armonía que hay en todo lo que me rodea.
- Escojo quedarme con lo bueno que la vida me ofrece.

Con el tiempo fabricarás una lista más adecuada a ti, esta es "pret a porter", tu te mereces alta costura, por eso cuando domines la técnica es mejor que tu mismo crees tú lista.

TARJETA DE FRASES: Autoafirmaciones

- Soy un adulto y eso me autoriza a elegir lo que hago, cuando y donde o con quien.
- Acepto mis errores y aprendo de ellos para hacerlo bien la próxima vez.
- Elijo crear paz en mi interior.
- Perdono a (mi enemigo, mi jefe, mi chantajista,...) pero acepto que no es mi amigo.
- En esta situación opto por ser feliz.
- Decida lo que decida todo saldrá bien.

FRASES QUE SUSBSTITUYEN LOS PROBLEMAS DEL MIEDO ASOCIADOS AL <NO PUEDO>:

Cuando usamos el no puedo estamos describiendo una necesidad, un deseo, una opción o una decisión, que no es otra forma más que un pensamiento de: debo / debería. En la medida que debemos o no podemos, recreamos una ilusoria sensación de que no poseemos control o responsabilidad sobre esa área de nuestra vida; con lo que perdemos la capacidad de cambiar y ejercer poder sobre ella. En este estado de pensamiento no podemos reconocer que la vida no es más que una serie de opciones.

Cambia las palabras "no puedo" por "no quiero", "no me gusta", "no me apetece"; "escojo yo" y recuperas el poder que necesitas para cambiar tu vida.

EJEMPLO DE LISTA DEL CAMBIO DEL NO PUEDO:

Si piensas:	Tus frases:
• No puedo ir al instituto	• No quiero ir al instituto • No tengo ganas de ir al instituto • No iría al instituto
• No puedo conducir	• No conduciré • No me gusta conducir • Escojo no conducir

AUTOAFRIMACIONES – TARJETA:

- Aunque noté algo de ansiedad, lo hice. No permití que me frenara.
- Fue más fácil de lo que me pensaba.
- Aún puedo sorprenderme y dar otro paso hacia delante.
- Las nuevas habilidades funcionan. ¡He sido capaz de hacerlo!
- Cada día que pasa lo hago mejor.
- Me sale mejor cada vez que uso mis nuevas habilidades.
- He dado otro paso hacia delante.
- Estoy encantado con los progresos que estoy realizando.

FRASES PARA EL MIEDO DE QUE TODOS LOS ERRORES SON TERRIBLES.

- Está bien cometer errores, todo el mundo los hace.
- Los fracasos son una parte del proceso de aprendizaje.
- La mayoría de los errores carecen de importancia.
- Los errores son perlas de sabiduría.
- Aprendo de mis errores y progreso en la vida.

EJERCICIO DE LOS TRES PASOS para perder el miedo a los errores / fracasos:

PASO 1: ¿Qué ha sucedido?

Será difícil ser objetivo en este paso, ya que la reprobación es el hábito del miedo al error / fracaso. No hay que reñirse hay que encontrar positivamente porque se cometió el error.

85

PASO 2: ¿Puedo arreglarlo?

Cuando sea posible ponerle solución, tómate un tiempo para valorar si eso será positivo para ti. Algunas veces corregir un error necesita de tanta energía, tiempo y dinero que no merece la pena hacerlo.

PASO 3: ¿Qué haré de distinto la próxima vez?

Después de considerar las acciones nuevas, tómate el tiempo que necesites imaginando lo que dirás o harás con el máximo de detalle posible. Repítelo mentalmente tanto las palabras como las acciones varias veces. Y por último centrémonos en lo positivo, tómate cada vez que finalices una actitud tiempo para buscar y encontrar algo positivo en ella. Escribe un listado de lo positivo en una libreta y reléela de vez en cuando.

FRASES PARA COMBATIR EL MIEDO A LA DESAPROBACIÓN Y EL RECHAZO:

- El rechazo forma parte de las opciones de la vida.
- Es imposible gustar a todo el mundo, a mi tampoco me gustan todas las personas.
- El rechazo ha dejado de afectarme, ahora me apruebo y me valoro yo mismo.
- Si alguien no me acepta tal como soy, esta persona no merece ni mi tiempo ni mi esfuerzo.
- El rechazo y la desaprobación son limitaciones en la mente de los otros, imágenes de los defectos de ellos proyectados en mí.

DEFINIR OBJETIVOS, DEFINIR BENEFICIOS

"Si no tienes un objetivo, nunca llegarás a ninguna parte".

Una vez estás dispuesto a pasar a la acción, un gran estimulador del poder personal es definir las situaciones que queremos eliminar sustituyéndolas por objetivos específicos. Haz una lista de situaciones, objetos, personas, pensamientos y acontecimientos que te están paralizando.

Para cada uno de los puntos, define un objetivo que quieras alcanzar. El objetivo tiene que estar bien explicado, claro, concreto y conciso. Debes comprometerte con él, debe ser a largo plazo, estructurado en pasos intermedios y siempre expresado en términos positivos.

Una vez completada la lista de objetivos que deseas alcanzar, prepara otra de los beneficios que obtendrás cuando lo logres.

Reeducar conductas implica tenacidad y perseverancia, pensar en los beneficios emocionales que se obtienen al alcanzar los cambios es un motivador eficaz. Los problemas de la lista que realmente no interfieren en tu vida y no aportan ningún beneficio real, táchalos, no son realmente problemas, concéntrate en los objetivos que te aporten beneficios auténticos.

A la hora de escribir en términos positivos nuestros objetivos es importante omitir las frases negativas, es decir: "**no tendré** miedo de subir a mi coche", ya que tú subconsciente va directamente al grano, y este lo traduce en "miedo de subir a mi coche". Un ejemplo: ¡**No pienses** en un perro verde!, ¡**No pienses** en una manzana roja!

No lo has podido evitar, has pensado en el perro verde y en la manzana roja, incluso destacando en negrita el NO.

"Céntrate en lo que quieres, en lugar de en aquello que no quieres".

No me importa pecar de pesada porque el 95% de la población mantienen "conversaciones negativas".

Hasta la edad de ocho años hemos escuchado más de cien mil veces la palabra NO. Nuestro cerebro está condicionado para mantener conversaciones negativas, cuantas veces no habéis dicho: "No quiero engordar" en lugar de "quiero estar delgada".

EJEMPLOS DE DEFINIR OBJETIVOS ESPECÍFICOS:

- Quiero pasear en coche conduciendo yo, tranquilamente hasta la playa más cercana.
- Quiero ir y entrar en un centro comercial.
- Quiero reunirme con compañeros del trabajo y tomar café.
- Quiero estar relajado en compañía de desconocidos.

DEFINIR BENEFICIOS, EJEMPLOS:

- Voy a ser capaz de: ir en coche con mis hijos y acudir a lugares que me apetecen.

- Podré llevar: a mis hijos a jugar a su parque preferido y les veré felices.
- Disfrutaré de: poder renovar mi ropa, de comprar regalos para mi familia y mis hijos.
- Seré capaz de: tener un buen ambiente en el trabajo, creando buenas relaciones.

EJEMPLO DE FIJAR METAS (LARGO Y MEDIO PLAZO):

Utilizaremos la exposición gradual:

- Quiero conducir mi coche tranquilamente hasta la playa que está a 2 Km.

Si fijo esta meta objetivo es que debo tener miedo a conducir, por un ataque de ansiedad vivido conduciendo o por un accidente que me asusto, etc.

1. Sentarse durante 10 minutos en el asiento del conductor notando el volante en las manos y los pedales en los pies. Repetirlo hasta que nos deje de causar ansiedad.
2. Conducir el coche dentro del parking hasta la rampa o en un camino particular al que nos habrán llevado un amigo / a o pareja, colocarnos al volante y conducir

marcha atrás unos metros y regresar al punto de partida. (Comenzar marcha atrás desenfoca el miedo).

3. Conducir marcha atrás en el parking hasta la calle y salir a ella, luego regresar (lo mismo en el camino saliendo a la carretera). Repetirlo hasta que la ansiedad disminuya.

4. Conducir alrededor de la manzana, primero acompañados. Unos días más tarde solos sabiendo que alguien nos espera en la puerta de casa.

5. Conducir alejándose dos manzanas y regresar, sin compañía. Repetirlo hasta que nos sintamos más cómodos.

6. Ir al cine. Ya estamos preparados. ¡Celebrarlo!

7

EL MAL USO DEL MIEDO: OBLIGACIÓN, CULPABILIDAD. CHANTAJE EMOCIONAL

Damos por sentado que uno de los valores más importantes de nuestro modelo de sociedad es la libertad, decimos y nos dicen, a veces hasta la saciedad, que vivimos en una sociedad de derecho y de libertades. Nadie puede actuar en contra de la voluntad de otra persona, pero la realidad es que hay diversos modos de conseguirlo; uno de los más sutiles, y eficaz es el **chantaje emocional.**

Los chantajistas son hábiles manipuladores, son capaces de conseguir lo que quieren de nosotros e ignorar nuestros deseos y necesidades. Ya sea haciéndonos sentir culpables, obligados o con miedo, juegan al siempre gano.

Suelen ser buenas personas. Dulces y cariñosas pero nos manipulan de tal forma que consiguen que olvidemos que somos adultos y que la adultez nos da la prerrogativa de elegir lo que deseamos dar o hacer por los otros. Por el miedo a ser egoístas olvidamos que una de las grandes ventajas de ser adulta es la de poder elegir lo que queremos y ellos juegan con ese olvido.

Suelen ser personas de nuestro alrededor – la pareja, un hijo, un amigo, nuestra madre, un compañero de trabajo - que nos manipulan de forma tan habilidosa y tenaz que terminamos sintiéndonos incapaces, culpables e impotentes.

Nos hacen pensar: ¿Por qué no se decirle lo que pienso o siento?, ¿Por qué no soy capaz de defender mis intereses?, ¿Por qué no se explicarle lo que yo deseo?, ¿Por qué siempre termino renunciando yo?

En este tipo de relaciones vampíricas, mantenemos nuestra atención en las necesidades del otro, creyendo que aceptando lo que el otro desea vamos a poder vivir tranquilos. Intentamos evitar la confrontación y el conflicto (huida o evitación), con el objetivo de no romper la relación existente con el otro – recordemos que son personas importantes en nuestras vidas – incluso justificamos nuestra conducta con pensamientos de: "Él tiene otra forma de pensar", "Ella funciona con la razón y yo con el corazón", "No ha aprendido ha hacer las cosas de otra forma". ¡No nos engañemos!

No es un problema de comunicación o de educación diferente recibida en la infancia, es un **juego de poder.**

A veces lo más difícil de aceptar es que el chantaje emocional procede de las personas más próximas, pareja, padres, jefes, con el que tenemos un buen trato, hermanos, pero es lógico son personas a las que nosotros les hemos dado poder sobre nuestras emociones.

"Sólo nos ofende aquel a quien nosotros le hemos dado poder de hacerlo"

Eleanor Roosevelt

El chantaje emocional es una poderosa forma de manipulación con la que personas cercanas a nosotros nos amenazan, directa o indirectamente en castigarnos si no consiguen lo que ellas quieren.

Nos dicen implícitamente:

"Si no haces las cosas de la forma que yo deseo o espero, sufrirás".

Estas personas conocen muy bien el valor que nosotros otorgamos a nuestra relación con ellas.

Lo que más se suelen preguntar las personas que sufren los abusos de un vampiro chantajista es: ¿Cómo es que yo me he dejado manipular de esta forma?, ¿soy inteligente, como no me di cuenta de sus chantajes?

No es un tema de inteligencia, los manipuladores actúan de forma sutil, envolvente, a traición, sin que nos demos cuenta, nos envuelven en su tela de araña emocional.

Los chantajistas son expertos en detectar de forma inconsciente nuestros miedos, probablemente por que ellos entienden mucho de miedos.

El chantaje es posible porque cedemos nuestro poder al otro por el **miedo a**: "que nos abandone nuestra pareja", "al divorcio", "a la jubilación", "a la pérdida del empleo", "a una enfermedad", haciendo de esta forma su trabajo más fácil.

El chantaje emocional es como la tela que teje la araña envolviendo todos los espacios de nuestra vida.

Cuando nos habla el chantajista nos suele hacer sentir incompetentes o culpables, haciéndonos perder la seguridad y la confianza en nosotros mismos.

PREGUNTAS ÚTILES PARA IDENTIFICAR EL CHANTAJE EMOCIONAL:

- ¿Cuánto puedo dar sin sentirme resentido o deprimido?
- ¿Cuándo soy sincero y cuando soy egoísta en mis prioridades y deseos?
- ¿Si cedo al chantajista emocional, estoy violando mi integridad?

El problema más importante del chantaje emocional es que nos deja secuestrados emocionalmente y no nos permite actuar de forma autentica y espontánea.

LOS SEIS SÍNTOMAS DE LA MANIPULACIÓN DEL CHANTAJISTA EMOCIONAL:

"La manipulación se convierte en chantaje emocional al ser utilizada con persistencia para coaccionarnos a aceptar las demandas del sujeto chantajista, a costa de nuestro bienestar y de nuestros propios deseos".

6 SÍNTOMAS

1. *Demanda.* Cuando el otro sujeto no acepta un **NO** de nuestra parte.
2. *Resistencia.* Cuando todas las discusiones con el otro terminan en pelea.
3. *Presión.* La otra persona mantiene la presión con sus demandas a pesar de nuestro **NO**.

4. **Amenazas.** Como resultado de nuestras reiteradas negativas, la otra persona nos previene con una serie de advertencias o amenazas.

5. **Cesión.** Si cedes, estás sentando un precedente peligroso, ya que aún te será más difícil conseguir que respete tus decisiones.

6. **Repetición.** La otra persona se obsesiona y repite estas cinco etapas una vez y otra cuando no consigue cambiar nuestra posición u opinión.

CONFUSIÓN, MIEDO, OBLIGACIÓN, CULPABILIDAD:

A los chantajistas les encanta crear situaciones de confusión; es la mejor estrategia para que no nos demos cuenta de sus intenciones reales.

No hay nada de anormal en que a veces sintamos miedo, que nos sintamos culpables por algo que hemos hecho o dicho, o que hayamos olvidado alguna obligación. Lo que sucede es que en las situaciones de chantaje estos sentimientos son manipulados para que adquieran dimensiones desproporcionadas. El chantajista nos acorrala, no nos deja tiempo para pensar o reflexionar sobre lo que nos sucede, sólo reaccionamos para poder rebajar la presión que sentimos. A mayor confusión más poder para el chantajista.

MIEDO:

Los chantajistas han desarrollado un instinto natural, una intuición dirigida a detectar nuestros miedos y saber como utilizarlos. No es algo maquiavélico, no se trata de que pensemos que están todo el tiempo analizando o planificando sus acciones con relación a nosotros, es su necesidad (su miedo de no) de conseguir lo que desean, lo que hace que no duden en utilizar consciente o inconscientemente nuestros miedos.

Recordemos que uno de los miedos básicos es el de ser abandonados o alejados de las personas que queremos.

El miedo a que el otro se enfade o se enoje, está relacionado con estos miedos básicos. (Miedo del nivel 2 que se proyecta en los de nivel 1).

El chantajista deja claro que si no haces lo que el quiere o cedes ante sus demandas, te arriesgas a:

- Que te abandone.
- Que deje de quererte.
- Que te grite.
- Que te despida.
- Que te desapruebe.
- Que te haga sentir miserable.

- Que te odie.

- Que me enfrente contigo.

- Que te hiera emocionalmente.

- Que te deje de hablar.

- ...

Y nosotros frecuentemente para salir de estas situaciones, cedemos para conseguir paz a cualquier precio.

OBLIGACIÓN:

Una sociedad está regulada en base a las obligaciones que tienen sus integrantes unos con otros; el sentido del deber, del altruismo, de la obediencia, del respeto y la generosidad son respuestas que aprendemos de nuestras familias y que nos ayudan a convivir. Todos intentamos vivir de acuerdo a nuestro sentido de la responsabilidad.

Los chantajistas no vacilan ni un instante poniendo a prueba nuestro sentido del deber, recordándonos a lo que ellos han tenido que renunciar por nosotros, lo mucho que han tenido que esforzarse para conseguir sus objetivos y la cuantiosa deuda que hemos adquirido con ellos.

Suelen exagerar sus actos generosos, convirtiendo actos ordinarios y habituales en auténticas heroicidades; otros encubren sus miedos a la separación de la pareja o del hijo como deber y acto de sacrificio.

"Desde que naciste me cuidé de ti, te di el pecho un año, te bañaba y me levantaba por las noches que llorabas o estabas enfermo. ¡Mira como me lo pagas, prefieres estar con tus amigos que conmigo!"

"Si no me fui de casa y dejé a tu padre, fue por ti... siempre he tenido que sacrificarme por todos, y ¡mira como me lo pagas!"

Cuando estamos sometidos a este tipo de presión olvidamos fácilmente nuestras propias necesidades y no vemos obligados a cumplir con nuestro deber (lo que el chantajista espera). No es nada fácil establecer los límites entre nuestra responsabilidad y la de los demás. Si nuestro sentido del deber u obligación es más fuerte que el sentido del auto respeto y del cuidado de uno mismo, somos carnaza para los chantajistas.

CULPA:

El sentido de culpa es un sentido regulador, que nos marca normas de bien y de mal, aunque esta dualidad es social en cuanto a lo que está bien o está mal. Una persona tiene un concepto interno que le regula en el conocimiento de las normas que son bien aceptadas y las que no en nuestra cultura.

Así que toda persona sensible y responsable tiene el sentido de culpa que nos ayuda a seguir una serie de normas y como acostumbra a producirnos dolor si conscientemente las incumplimos, hacemos todo lo posible por evitarlo, hasta tal punto que podríamos decir que "no dañamos a los demás para evitar el sentimiento de culpa que ello nos puede crear".

Aunque no siempre la proporción de nuestros sentimientos de culpa son equivalentes a la realidad de lo ocurrido.

El sentimiento de culpa inmerecido no siempre tiene que ser con el daño que supuestamente le hemos causado a la otra persona, más bien tiene que ver con "el creer que es así".

Podemos sentirnos culpables de no haber realizado una determinada acción, como llamar a un pariente que nos acaban de comunicar que está muy enfermo y grave. Pero estamos fuera de la ciudad, tememos la conversación, y demoramos la llamada para nuestro regreso. Si nuestro pariente fallece sin que le hayamos llamado porque no encontramos el momento de hacerlo generaremos una gran cantidad de culpabilidad.

Aunque no estaba en nuestras manos curarle, nos sentimos cómplices de su dolor y de su desaparición si no le hemos podido expresar nuestra solidaridad y compasión.

Los sentimientos de culpa exagerados, los remordimientos que sentimos tienen poco que ver con la acción, identificación y corrección de la conducta dañina.

Comportamiento durante el proceso de culpa:

1. Yo actúo.
2. La otra persona se enfada.
3. Asumo toda la responsabilidad por el enfado de la otra persona, sin analizar si tengo algo que ver.
4. Me siento culpable.
5. Haré todo lo que sea necesario para reparar este daño que yo he hecho y me sentiré mejor.

Los chantajistas nos empujan para que asumamos empujan a que tomemos la responsabilidad por sus quejas sobre su infelicidad, provocando en nosotros un efecto de culpabilidad. Todos necesitamos pensar que somos buenas personas, y sentirnos culpables hiere lo más profundo de nosotros mismos, nos duele "no estar seguros de que queremos a los demás así como que nuestra valía como buenas personas está en duda".

El chantajista nos hace saber lo que desea porque está convencido de que lo que él quiere es más maduro, valioso y bueno. Lo mejor.

Egoísta es aquel que piensa más en si mismo que en mi

Los chantajistas tienen derecho, - a veces de forma muy educada – nos acusan de ser inmaduros, locos, desagradecidos, inconscientes, débiles,... Cualquier tipo de resistencia a sus demandas precipitara un alud de acusaciones.

LOS CUATRO TIPOS DE CHANTAJISTAS:

Los Auto castigadores:

Con sus amenazas de hacerse daño nos obligan a ceder a sus demandas, obligándonos a dejar de pensar en nosotros, su juego es la obligación, nos atrapan por nuestra necesidad de ser buenas personas. Pero ellos solo piensan en si mismos, sólo somos un objeto que debe satisfacer sus necesidades. Juegan con los miedos que padecemos del nivel 3. Y ellos esconden un miedo de nivel 3, asociado al abandono "no podré soportar que me abandonen".

Perlas como las que siguen están amenazadoramente en sus bocas:

- "Si me dejas, me mato"
- "Egoísta si me dejas, me tiraré por el balcón"
- "No me cuentes tus historias, me ponen enfermo / a"
- "No me cuentes tus problemas o volveré a deprimirme"

- "Si no haces lo que te pido", "no voy a comer", "no voy a dormir", "no voy a tomar mi medicación del corazón"…

Los Castigadores:

Nos hacen pagar muy caro que no accedamos a sus exigencias, suelen saber muy bien que quieren de cada persona.

Actúan con agresividad o con silencios culpabilizadores. Sentimos su agresividad y la presión a que nos someten. La mejor manera que solemos encontrar es ceder y romper así la situación de tensión emocional. Juegan con los miedos del nivel 2. Esconden un miedo de nivel 3 asociado a la creencia limitadora de "no me lo merezco".

Otras perlas a las que hay que prestarles mucha atención:

- "Si tratas de conseguir el divorcio, no verás más a los niños"
- "Si te casas con... te borro de mi testamento"
- "Si regresas al trabajo, te dejo"
- "No quiero que me cuide una enfermera u otra persona. Si no lo haces tú te desheredo"
- "Si no haces horas extras, no sueñes con la promoción que tanto quieres"

O bien nos castigan con los silencios mortales que nos obligan a decirles:

- "Dime algo", "que estás pensando", "estás enfadado", "grita, pero no sigas con este silencio sepulcral"...

Los Sufridores:

Sus amenazas giran alrededor del sufrimiento que nosotros supuestamente les infligimos. Los sufridores hacer de su sufrimiento el centro de su vida emocional. Juagan con los miedos de nivel 1 y 2. Su miedo de nivel 3 está asociado a una creencia de "Si no soy necesario, no me merezco que me quieran".

- ¿Cómo puedes hacerme esto, con lo que yo hago por ti?
- Nunca me haces caso, no escuchas nada de lo que te digo, y luego cuando ya me has hecho sufrir, yo tengo que solucionarlo.
- No regreses muy tarde, ya sabes que sufro y no puedo dormir hasta que oigo la puerta.
- Nunca te pido nada y una vez que lo hago, eres incapaz de hacerlo por mí.

Los Torturadores:

Nos someten constantemente a pruebas con promesas de que obtendremos algo fantástico si nos sometemos a su voluntad. Juegan con todos los niveles del miedo. Están convencidos que "Nadie les quiere lo suficiente" y exigen constantes demostraciones.

- Si compartimos nuestra pareja sexualmente con otras mujeres, tu miras y estás conmigo, yo me quedaré contigo para siempre, jamás te abandonaré.

- Yo solo coqueteo con otras personas, pero tu paciencia, tu cariño consintiéndomelo de buen grado y feliz, te darán mi amor incondicional.

- Si trabajas el fin de semana de la comunión de tu hijo y me demuestras con esto tu fidelidad te prometo que serás el nuevo director de producción.

- Si te enfrentas por mí a tus padres y haces que ellos me respeten, no me iré, llevándome a nuestro hijo y viviremos felices para siempre.

8

ASERTIVIDAD, EL MODO DE HACER FRENTE AL CHANTAJE EMOCIONAL

"Jamás negociemos con miedo, pero jamás temamos negociar"

Alain

La habilidad de ser uno mismo sin perjudicar ni hacer daño a los demás se conoce como asertividad.

Es difícil defender nuestros derechos sin menoscabar los derechos de los demás, reconocer donde están nuestros límites y defender lo que es legítimo es fruto del aprendizaje.

Recuerdo una frase que repetía un bedel del instituto cada vez que aparecía un conflicto entre jóvenes en los pasillos.

"Tú libertad termina donde empieza la del otro. Respetaros".

La asertividad es una habilidad y como tal se aprende; nos ayuda a liberarnos de la desconsideración hacia los otros o de convertirnos en víctimas por la manipulación que ejercen los chantajistas por poseer un gran sentido del deber, del miedo, o de la culpa.

Así que cuando aprendemos a ser asertivos somos capaces de expresarnos con seguridad, cejados del miedo sin tener que recurrir a conductas pasivas, agresivas o manipulativas. Nos ayuda a tener un grado elevado de conciencia de uno mismo, al mismo tiempo que nos ayuda a conocer, aceptar y responsabilizarnos de nuestro yo.

Para ello requiere de nosotros aprender a escuchar y dar respuesta a las necesidades de los demás sin dejar de lado nuestros propios intereses o comprometiendo nuestro ecosistema de valores. A cambio mejora la capacidad de relacionarse con los otros, ayuda a que seamos más efectivos en nuestra comunicación, aprendemos a controlar las situaciones estresantes siendo capaces de enfrentarnos a problemas, miedos y decisiones delicadas.

Cuando somos asertivos, somos capaces de expresar nuestras necesidades, opiniones y sentimientos estando seguros de que no seremos explotados, coaccionados o dominados.

"La asertividad, al contrario que la evasión (pasividad) o que la agresión es una conducta que uno escoge y decide".

¿Por qué no somos asertivos naturalmente? Me preguntan muchas veces. Cuando nacemos somos muy dependientes de nuestro entorno, sobre todo como ya hemos visto de nuestros cuidadores, padres, abuelos. Las conductas habituales de los bebés son de dependencia, de pasividad o de agresividad. Con el desarrollo, ya en las primeras etapas vamos siendo condicionados por los que nos rodean y lo que nos sucede, así que aprendemos muy rápido "a caer bien a nuestros padres".

Nos dicen lo que está bien, lo que está mal y que es lo que debemos hacer. Unas veces decidimos "someternos" antes que perder el cariño que necesitamos, o por el contrario escogemos conductas agresivas que suponen atención y dedicación (han de estar pendientes todo el tiempo de nosotros).

Estamos condicionados en la infancia, desde la forma en que vemos el mundo que nos rodea hasta la adjudicación de roles. Por ejemplo: "los niños no juegan con barbis". "El color rosa es de nenazas". "Las niñas no deben de hacer boxeo, se ponen feas".

Todo lo expuesto en nuestro entorno son condicionamientos, conductas aprendidas, aunque es evidente que a un niño le es más fácil expresar pasividad o agresividad que la opción asertiva de reconocer las necesidades, sentimientos y opiniones de uno mismo y de los demás. Aunque no debemos pensar que las conductas agresivas o pasivas son negativas en si mismas, ya que estas pueden ser apropiadas en determinados momentos.

AYUDAS QUE NOS ENSEÑAN A SER ASERTIVOS

Estrategias básicas para comportarnos asertivamente.

- Identifica tus deseos, derechos y necesidades.
- Identifica como te sientes ante una determinada situación, después identifica como estos sentimientos te afectan y describe que tipo de acción te piden tus sentimientos.

  Por ejemplo: Me siento enfadada; me siento incómoda; me gustas.

  Me afectan: paralizándome; doliéndome la espalda; revolucionándome.

Le cantaría las cuarenta; me iría ahora mismo; le daría un beso.

- Cuando describas tus sentimientos utiliza el término YO. "Yo me siento", "Yo quiero"...

- Relaciona tus sentimientos con la conducta en concreto de la otra persona. "Me molesta que critiquen a todo el mundo"; "Me enfado cuando me da plantón"; "Me irrita que me mienta".

- Hay que ser directos, decirle con claridad a la persona que te provoca estos sentimientos. Expresarlos con frases cortas y concisas. No des vueltas. Aclárale que es lo que quieres.

- Evita hacer presunciones sobre lo que la otra persona piensa o siente, cuáles son sus motivos o como va a reaccionar. Verifica con la conversación y será la realidad y no la imaginación. Por muy intuitivo que seas no imagines, verifica y evitaras muchos malos entendidos.

- Hay que evitar el sarcasmo, poner cara de palo o hablar con términos absolutos como: tú nunca; tú constantemente; tú siempre...

- Evitar las opiniones preconcebidas, etiquetar a las personas dificulta mucho la comunicación.

- Huye de las frases que comienzan con un ¿por qué?; ¿cómo has? O de cualquier otro tipo de frase que ponga a la persona a la defensiva.
- Evaluar nuestras expectativas. ¿Son razonables?, ¿tengo derecho de esperar que...?, intenta estar dispuesto a buscar compromisos.
- Busca, comprueba, si hay *"feed-back"*. ¿He estado claro?, ¿cómo ves tu esta situación?, ¿me he sabido explicar? Así conseguimos corregir la percepción que tenemos y ayuda a que la otra persona se de cuenta de que estas abierto a comunicar y que estas expresando opiniones, sentimientos o deseos más que exigencias y demandas.

Otra de las estrategias ha utilizar es la visualización, en el mundo deportivo médico se está utilizando para evitar que los deportistas lesionados y escayolados pierdan masa ósea; para ello se pide al deportista que imagine sus ejercicios de entrenamiento, que recuerde los movimientos, las sensaciones corporales, como respira durante los ejercicios, y que se vea ganando en la competición. Cuando les retiran el yeso la pérdida de masa ósea es casi mínima.

Con los bailarines se pide que imaginen como bailan y que van mejorando poco a poco su técnica, los que lo hacen, avanzan a gran velocidad. Así que si os visualizáis comportándoos como vosotros deseáis frente a la situación que os asusta, o frente a la persona que os intimida o adoptando actitudes asertivas y positivas, lograréis cambiar y afrontar las cosas positivamente.

Tomad una actitud relajada e imaginaros venciendo la situación negativa, comportándoos como deseáis, mirad vuestra cara, posición, escuchad imaginariamente vuestra voz hablando tranquilamente, asertivamente, con valor. Sentid ese coraje, el poder interior. Repetiros vuestra frase positiva preferida y veréis que vais cambiando más fácilmente.

ESTRATEGIAS PARA HACER FRENTE AL CHANTAJE EMOCIONAL:

"De lo que tengo miedo es de tu miedo"
Aldous Huxley

Ante todo no hacer nada, lo mejor en este tipo de situaciones es no dejarnos llevar por la angustia que sentimos, tomándonos un tiempo para reflexionar y evitar así actuar con precipitación.
Para salir de la confusión necesitamos poder observar lo más objetivamente lo que nos está sucediendo.

ESTRATEGIAS:

Tenemos que tener una estrategia preparada cuando vamos a negociar con la persona que nos hace chantaje emocional. El chantajista ha estado manipulando nuestra relación con la seguridad de que al final conseguiría lo que deseaba de nosotros, cuando tome conciencia de su fracaso, su reacción traerá consecuencias a nuestras vidas.

No se tratará de convencer a la otra persona de que somos bondadosos, sino de encontrar la forma de salir de una relación o situación que nos daña.

1. La comunicación no defensiva.

Hemos visto lo complejo que es el mecanismo del chantaje, así que el solo hecho de negar o no aceptar no es eficaz, cuanto más nos defendemos, más argumentamos, más oportunidades le damos al chantajista.

Al adoptar una actitud no defensiva eliminamos fuerza a la presión a la que estamos sometidos, gritar, llorar, retirarse no va a servir de nada.

Utilizad expresiones como:

- Es interesante lo que me dices.
- ¿Es posible?
- Siento que estés enfadado / a.

- Comprendo tus puntos de vista.

- Comprendo tu situación.

- Hablemos un poco más tarde para que comprendamos exactamente qué es lo que está sucediendo.

Cuando utilizan predicciones catastróficas y amenazas:

NOS DICEN	RESPONDES
• Si no me cuidas acabaré en la calle. (hospital, me quedaré sin trabajo...)	• Es tú decisión.
• Me pondré enfermo / a.	• Las amenazas, los sufrimientos y las lágrimas ya no funcionan.
• Te haré sufrir.	• Siento que estés tan enfadado /a.
• Estás destruyendo la familia.	• Se que ahora estás muy enfadado / a, pero estoy seguro / a que cuando pienses luego a cerca de ello vas a cambiar de opinión.
• Nunca volverás a ver a los niños.	• Espero que no lo hagas, pero ya he tomado mi decisión.

Cuando utilizan insultos, etiquetas y juicios negativos:

NOS DICEN	RESPONDES
• No eres más que un idiota.	• No iremos a ninguna parte si me sigues insultando de esta manera.
• Yo que me pensaba que eras un tipo diferente de persona. Me he equivocado contigo.	• Puede ser...
• Ya no eres el mismo. No me puedo creer que seas tan egoísta.	• Tienes derecho a tus propias opiniones.
• Nunca te preocupas de mis sentimientos. Siempre piensas en ti mismo.	• Estoy seguro / a que es así como lo ves.

Cuándo utilizan los cómo y porqué sin salida:

NOS DICEN	RESPONDES
• ¿Porqué estas arruinando mi vida?	• Cada uno tiene que tomar sus propias responsabilidades. Tu vida no es responsabilidad mía.
• ¿Cómo es posible que me hagas esto?	• Sabía que no serías feliz con ello, pero las cosas son así.
• ¿Porqué me quieres herir?	• Siento que estés tan enfadado / a.
• ¿Cómo eres tan obstinado y egoísta?	• No se trata de buscar quien es el malo. Queremos cosas diferentes.

Cuando utilizan los silencios:

Hay que evitar:

- Insistir en que nos den una respuesta.
- Pedirles por favor que nos digan lo que no va bien.
- Esperar a que den ellos el primer paso, para resolver la situación.
- Criticar, interpretar o analizar sus motivos, carácter o incapacidad por no ser directos.
- Dejarnos intimidar por la situación y la agresividad ambiental.
- Esperar que ocurran cambios significativos en su personalidad. (La conducta puede cambiar, los estilos personales no).

- Permitir que tu frustración te empuje a proferir amenazas o insultos que en otras circunstancias nunca dirías.
- Aceptar sin más sus críticas y razones por las que están enfadados con nosotros para obtener un poco de paz.
- Asumir o creer que por el hecho de que nos pidan perdón o se disculpen van a cambiar notablemente su conducta hacia nosotros.

2. Convierte al chantajista en aliado.

En el impas entre la situación molesta y su resolución o ataque, es posible dar la vuelta a nuestras conversaciones, implicando a la otra persona, en el proceso de la resolución del problema.

Utilizando frases del tipo:

- Me pregunto que sucedería si...
- Me pregunto como nosotros podríamos hacer que nuestra relación marchase algo mejor.
- Me pregunto si tú podrías ayudarme a encontrar la forma...
- ¿Me puedes ayudar a entender por qué estás tan enfadado / a?

- ¿Puedes hacer sugerencias a cerca de lo que podemos hacer para resolver el problema?
- ¿Puedes ayudarme a entender por qué esto es tan importante para ti?

3. Hacer intercambios.

Los intercambios -no se da si no se recibe-, reducen la tensión emocional y eliminan la sensación de que todos los cambios recaen en una sola persona. No hay perdedores. Pero habrá que actuar, no valen solo diálogos de buena voluntad. Hay que confirmar con hechos lo que hemos pactado en el intercambio, ha de verse que es real y funciona tal como habíamos pactado.

9

SER UN REALISTA POSITIVO

Debemos evitar la exageración de la importancia de objetos y acontecimientos especiales, cuando exageramos la importancia de un cubierto, un vaso, el lugar donde deseábamos sentarnos, un programa de televisión ("sin mi tenedor no podré comer"; "si no me coloco en primera fila no me enteraré del curso"; "si no veo mi serie de televisión me habrás amargado la semana"...), estamos provocándonos ansiedad y miedo. La actitud correcta es valorar el nuevo objeto; la nueva posición; que nos permite ver, oír y disfrutar de lo que estamos haciendo en vez de pensar lo que nos estamos perdiendo.

Otro de los modelos de educación que debemos reeducar si deseamos ser positivos, es la tendencia a pensar y actuar como víctimas. Las víctimas están permanentemente aterrorizadas, se ven así mismas como ineficaces debido a la creencia errónea de que no tienen ninguna capacidad para influir positivamente sobre los acontecimientos. A veces reconocen abiertamente que se sienten indefensas y victimizadas, otras veces piensan y actúan como víctimas sin darse cuenta de ello.

Observa las frases más comunes y marca con una cruz las que identifiques como tuyas.

- ❑ Es su (de él, de ellos, ella, ello) culpa.
- ❑ Ella (él, ellos, ello) me pone furiosa (triste, nerviosa...).
- ❑ Siempre he sido así.
- ❑ Soy así, no puedo cambiar.
- ❑ Si pudiera hacer las cosas de nuevo, sería todo diferente.
- ❑ Si al menos... las cosas fueran diferentes.
- ❑ No se ayudarme.
- ❑ No soy tan (alta, inteligente, fuerte) como tú, yo no tengo la misma suerte.

EJERCICIOS PARA DESARROLLAR FE EN NUESTRAS CAPACIDADES:

"No son las personas ni los acontecimientos los que generan las emociones, sino el significado que uno da a las personas y a los acontecimientos".

Esta idea es casi el eje en el que reposa nuestro equilibrio personal. Por eso es importante que entre a formar parte de nuestro sistema de creencias y valores.

Escribe en una hoja amarilla estas frases y repítelas cada día 3 veces antes de acostarte, debe ser lo último que hagas antes de dormir y debes repetirlo durante 21 días. Si has salido por la noche y regresas a la mañana del día siguiente, hazlo, no te saltes ninguno de los días. Tú inconsciente no se guía por el reloj de tu muñeca, contará el día cuando te acuestes (un día: desde levantarse hasta acostarse). Para darle más fuerza ves tachando en un calendario cada día contando de este modo los 21 días.

- Tus pensamientos causan tus sentimientos.
- Sentimientos felices atraen más circunstancias felices.
- Puedo cambiar mis emociones inmediatamente pensando en algo alegre, cantando una canción o recordando una experiencia feliz.
- Un pensamiento positivo es cien veces más poderoso que uno negativo.
- Cuando reconozco mi potencial de sentirme bien, dejo de pedir a los demás que sean diferentes para sentirme bien.
- Aprendo a estar quieto... retiro mi atención de lo que no quiero y pongo mi atención en lo que deseo experimentar.

Puedes hacer más grande esta lista con frases que resuenen en tu interior, mis preferidas son:

"Tanto si crees que puedes como que no puedes, siempre tienes la razón".

H. Ford.

"Tu creas tu propio universo a medida que avanzas".

Winston Churchill.

"Todo lo que somos es el resultado de lo que hemos pensado".

Buda.

También es útil recordar que solo existen dos clases de dolor que un ser humano puede experimentar: dolor físico y dolor psicológico, resultantes de ver amenazados o frustrados nuestros deseos y necesidades. De nuevo las creencias y actitudes aprendidas sobre los acontecimientos son los que nos generan el dolor psicológico y la inquietud. Recordemos el dicho: "En la vida, el dolor es inevitable pero el sufrimiento es opcional".

SENTIRSE BIEN CON UNO MISMO. AUTOESTIMA Y AUTOIMAGEN.

No te has preguntado qué hace que una persona con una inteligencia media tenga éxito y sea feliz, mientras que otra con una capacidad superior no consigue nada de lo que se propone y se siente infeliz. Pues la respuesta es sencilla, la diferencia entre ellos está en su nivel de autoestima y auto imagen.

Las creencias que hemos adquirido sobre quien y qué somos, así como el lugar que ocupamos en el mundo son lo que generan nuestra "auto evaluación".

La auto evaluación está compuesta de las creencias sobre nuestros dones y capacidades, debilidades, habilidades y defectos; y los rasgos de personalidad que utilizamos para diferenciarnos del resto del grupo así como las identificaciones con nuestro propio grupo. Incluye también nuestras esperanzas, aspiraciones, talante, acciones,...

"El mundo está en manos de aquellos que tienen el coraje de soñar y correr el riesgo de vivir sus sueños"

Paulo Coelho

La auto evaluación está compuesta por dos partes diferenciadas pero complementarias: la autoestima y la auto aceptación.

La autoestima es el valor que nos atribuimos y el respeto que sentimos por nosotros mismos.

La auto imagen es la capacidad de reconocer y admitir todas nuestras partes, las deseables y las indeseables.

Las personas con una alta autoestima se tratan con respeto, atienden sus necesidades de forma positiva y saben defender sus derechos. En cambio las personas con una baja autoestima, no se valoran ni saben respetarse, tienden a situar las necesidades y los deseos de los demás por delante de las de ellos. La auto imagen negativa que desarrollan, les hace pensar que no tienen nada que ofrecer a los demás y que nadie puede hacer nada por ayudarles porque son defectuosos y no tienen remedio. Cuando este comportamiento nos aísla del mundo, porque sufrimos ante nuestra imperfección y tememos el rechazo de los demás porque lo suponemos como única posibilidad ante el descubrimiento de nuestra gran imperfección por parte de ellos; interfiere gravemente en nuestra capacidad para dar y recibir amor, provocándonos inevitablemente ira y resentimiento.

La auto imagen es considerar nuestras características tanto físicas, como mentales, emocionales y espirituales, simplemente como partes naturales del ser humano. Entender que la belleza física es subjetiva y cultural, viendo nuestros puntos fuertes y sacando partido de los menos bellos; por ejemplo, utilizar correctamente el mal genio, puede ser útil para marcar los límites a los que quieren avasallarnos...

La aceptación objetiva (auto aceptación) nos permite potenciar lo mejor de nosotros y minimizar nuestros puntos débiles.

No es posible tener una alta autoestima sin una buena auto aceptación.

REPASEMOS NUESTRA HISTORIA: ASÍ SE DESARROLLÓ NUESTRA AUTO IMAGEN Y NUESTRA AUTOESTIMA

Nuestras primeras creencias acerca de nuestros méritos, aspecto y valor se desarrollaron en la primera infancia; los que desarrollaron una baja autoestima y auto imagen pobre de sí mismos, fue debido a que en esa etapa experimentaron una falta real o percibida de aceptación. Este rechazo suele implicar a nuestro entorno más cercano, padres, hermanos, abuelos, parientes, maestros o compañeros de escuela.

El rechazo más fuerte hacia el niño que hemos sido se produce cuando los padres están atrapados en sus propias dificultades e incapacidades para poder gestionar sus propias vidas de manera efectiva por lo que no están en condiciones de brindar ni el amor, el calor, la afectuosidad y la aceptación que como hijos necesitábamos.

Otra forma de crear rechazo son las distintas formas de malos tratos.

Los seis malos tratos a los niños

- **Físico:** Las lesiones no accidentales de un niño. Son producto de: golpes, empujones, cortes, azotes, puñetazos, bofetadas y quemaduras.

- **Sexual:** Toda clase de contacto sexual con un niño mediante el uso de coerción, amenaza o fuerza, ya sea por un adulto u otro niño.

- **Abandono:** Fallo en el hecho de cubrir las necesidades básicas del niño, vestido, casa, atención médica, supervisión.

- **Castigo cruel e inapropiado:** Todo castigo desproporcionado o inapropiado para la edad o la capacidad de comprensión del niño: castigos corporales que se traducen en lesiones; obligar a un bebé de seis meses a utilizar el water; sentar al niño en un rincón más de dos horas; hacerle comer en el suelo del baño; encerrar a un niño en un armario.

- **Abandono emocional:** Padres que no reconocen la necesidad de sus hijos, o no están disponibles para interesarse en hablar, abrazar, besar, levantar en brazos...

- **Psicológicos:** Cualquier forma de comunicación persistente en el tiempo que genera sufrimiento mental innecesario y extremo. Los insultos o el menosprecio, amenazas de abandono, van bloqueando en el niño sus esfuerzos para aceptarse.

También las altas expectativas de uno o de ambos padres con respecto a los hijos es una forma de rechazo, debido a que a estos niños se les pide constantemente que ejecuten habilidades más allá del nivel de su capacidad, desarrollando así desde muy temprana edad una imagen negativa de ellos.

Otra fuente de baja autoestima y auto imagen es una de las actitudes paternas que se realiza con buena intención pero el resultado suele ser desastroso y desesperanzador, es tal vez una de las herramientas más utilizadas para educar. El uso excesivo de etiquetas negativas, comparaciones, críticas o humillaciones realizadas por los padres.

Comentarios como:

"Cristina es una estúpida"; "Juan es muy torpe"; "David ya tiene ocho años y no hay forma de que no se haga pipí en la cama cada noche (suele explicarse a algún conocido con el niño delante)"; "¡Qué vergüenza! Como vas vestido"; "Con esa pinta nunca llegarás a nada"; "¿Por qué no eres tan bueno como tu hermana mayor?"; "Mira las notas de tu primo, si no fueras un vago lo conseguirías".

Todos estos comentarios suelen reflejar tradiciones culturales y familiares enraizadas en el pasado, en una época severa e inflexible, por desgracia este tipo de comentarios desalentadores provocan en el niño todo lo contrario de lo que se proponen los padres. Como cantaba Joan Manuel Serrat, "los niños pequeños no son adultos en miniatura", los niños carecen de capacidades de razonamiento elevadas que se desarrollaran en la etapa adulta. Poseen una experiencia limitada y son egocéntricos, por ello aceptan las etiquetas y los juicios de los adultos sin cuestionar, son verdades absolutas para ellos.

El rechazo de los amigos por una diferencia física, una incapacidad mental, raza, religión o antecedentes sociales, conducen a la creencia errónea de que de alguna forma uno es desagradable, inaceptable o vale menos que los otros. Los niños son crueles pero no hacen más que repetir actitudes de sus adultos sin disimular, actúan abiertamente materializando en el niño rechazado los pensamientos y actitudes familiares pero sin adornos, sin tapujos, sin la hipocresía adulta.

Normalmente en las personas que aparece baja autoestima suele estar presente una figura parental con autoestima y auto imagen bajas, y es lógico si recordamos que el niño se modela a imagen y semejanza de sus padres, copia sus palabras, comportamientos, reflejando de ese modo la sensación de inadecuación que padecen estos.

Algunos de los miedos más comunes asociados a la baja autoestima son: el miedo a ser incompetente (1). El miedo a ser incapaz de alcanzar los objetivos (2). El miedo a ser descubiertos (sensación de ser farsantes) (3). El miedo a no crecer jamás (4).

1. La creencia errónea sobre uno mismo de que no se encuentra a la altura de los demás, como combinación de varios de los ejemplos anteriores vividos en la infancia.
2. Es uno de los miedos comunes en la baja autoestima y puede ser el causante de la evitación de riesgos,

causar problemas de dilación (postergación) o una dependencia excesiva de los demás.

3. Suelen pensar que cuando los demás descubran lo defectuosos que son los abandonarán o despedirán, por eso temen tratar con muchas personas exitosas o con figuras de autoridad o crear vínculos emocionales con personas ajenas a su círculo habitual.

4. Su ansiedad les hace verse a sí mismos como niños en un mundo de adultos gigantes y perfectos o imaginarse como animales atemorizados.

LA AUTOESTIMA Y LA AUTOIMAGEN PUEDE MEJORARSE.

Sugiero a continuación cuatro modos de trabajar y mejorar tu autoestima, pero hemos de recordar que estamos trabajando comportamientos y pautas muy arraigadas, por eso antes de comenzar por escoger una o dos de las actividades sugeridas has de saber que, habrán actividades más fáciles y otras que nos resultarán más difíciles, las más fáciles engloban creencias o habilidades que forman parte de nosotros, de nuestra forma de ser. Cuanto más difícil nos parezca, más importante será la tarea para mejorarnos.

AUMENTAR LAS COSAS POSITIVAS QUE NOS DECIMOS:

"Si aumentas tus cualidades, empequeñeces tus defectos"
Eisenhover

Si repasamos lo dicho hasta ahora, "la repetición continuada de una idea tiende a que esta forme parte de nuestro sistema de creencias".

Nos regañamos repitiéndonos aquello que oímos sobre nosotros de pequeños, y eso hace que este principio participe de nuestra frustración...

Por ello aumentar el número de cosas positivas que nos digamos a nosotros mismos, hace que utilicemos este principio de manera positiva, auto realizadora.

IDENTIFICA Y RECUERDA TUS PUNTOS FUERTES CON REGULARIDAD.

Elabora una lista de habilidades y cualidades que sabes que posees y que son positivas bajo tu opinión. Tienen que ser específicas y que crees que son verdad. Se que puede ser difícil, y que en principio cueste poner más de tres cualidades en la lista; dedica varios días ha elaborarla hasta que consigas que consten en ella entre nueve y doce características positivas, si es necesario consulta con un amigo, familiar, pareja. Es bonito ver como coinciden entre ellos al resaltar cualidades, que nosotros ni creíamos poseer.

Escribe la lista en una hoja amarilla y recítala tres veces antes de acostarte durante 3 semanas. Refuérzala repitiéndola durante el día, intentando recordarla.

Pasados unos días cada vez que descubramos una cualidad en nosotros la añadimos a la lista.

Ejemplo de una lista:

- Tengo unas manos bonitas.
- Me gustan mis ojos.
- Soy una excelente cocinera.
- Soy extrovertida.
- Estoy bien informada en política actual.
- Soy buena amiga.
- Se escuchar los problemas de los demás.
- Soy buena trabajadora.
- Soy tenaz.

ÉXITOS Y EXPERIENCIAS POSITIVAS

Comprar un diario o una libreta que nos guste. Cada vez que hagamos cualquier cosa, por pequeña que sea debemos buscar un aspecto que haya estado bien hecho y lo apuntamos. Cualquier halago o felicitación que hayamos recibido durante el día, también tomaremos nota en nuestra libreta.

Nuestra tendencia a sido centrarnos en los errores y las imperfecciones menores por lo que puede resultarnos difícil al principio; pero terminará resultándonos natural.

EL ESPEJO ALIADO

Es un ejercicio sencillo aparentemente pero mueve muchas resistencias. Muchas personas se sienten tontas o con dificultades para aceptar y enfrentarse ante el espejo, sus aspectos buenos y enunciarlos en voz alta.

Cuanto más difícil te resulte este ejercicio más importante es que lo hagas hasta que puedas disfrutarlo. Lo habrás conseguido cuando puedas: pensar en tus cualidades y habilidades positivas; enfrentarte al espejo con facilidad y desenvoltura; declamar y aparentar frente al espejo las cualidades de tu lista.

Haz el ejercicio al principio cuando realices una actividad cotidiana, como afeitarte, peinarte, cepillarte los dientes, maquillarte. Cada día recita frente al espejo la lista de las cualidades y habilidades positivas mientras contemplas tu imagen, pero esta vez añade una reafirmación del tipo "me gusta".

Por ejemplo:

- Tengo unas manos bonitas. Y me gusta.
- Me gustan mis ojos. Y me siento orgullosa.
- Soy una excelente cocinera. Y me gusta.
- Soy extrovertida. Y lo disfruto.

AFRONTAR LOS MIEDOS DISMINUYENDO LOS PENSAMIENTOS NEGATIVOS.

Cada vez que te des cuenta de que estás haciendo aseveraciones negativas sobre ti o lo que vas a realizar, detente y sustituye tu pensamiento por otro de nuevo y esta vez positivo.

¡Han de ser aseveraciones positivas y que te las creas!

DESCUBRIENDO NUESTRO CRÍTICO INTERNO

Responde a las preguntas siguientes en una hoja de papel:

a) ¿Qué tipo de situaciones te hacen sentir mal contigo mismo?

b) ¿Qué actividades has querido emprender, pero ni siquiera las intentaste realizar por miedo a no hacerlas correctamente?

c) ¿Qué cosas o actuaciones te han provocado mal estar y con sentimientos negativos al relacionarte con terceras personas?

Después de responder enumera todas las críticas negativas que te hiciste a ti mismo después de lo ocurrido, por ejemplo:

a) No saber decir que no. – me dije:
   - soy débil.
   - soy demasiado pasiva.
   - soy una bocazas.

Después de realizada la lista de etiquetaje negativo, la cambiaremos por su opuesta en positivo, utilizando frases que comiencen por: "soy", "puede ser", "estoy aprendiendo a ser", "aprendo la manera de..." etc.

Pensamiento negativo	Pensamiento nuevo positivo
Soy débil	• Puedo ser fuerte. • Estoy aprendiendo a ser fuerte. • Soy fuerte.
Soy demasiado pasiva	• Puedo ser activa. • Estoy llegando a ser todo lo activa que deseo. • Disfruto siendo activa. • Estoy aprendiendo a ser activa.
Soy una bocazas	• Puedo estar callada. • Aprendo a guardar silencio. • Estoy aprendiendo a estar callada y no hablar antes de tiempo. • Soy prudente y pienso antes de hablar.

APRENDE A IDENTIFICAR NUESTROS PROGRESOS

Cuando lleves algo más de un mes practicando los ejercicios dedica unos minutos de tu tiempo para reflexionar como has cambiado desde que empezaste a trabajar en ti mismo.

Nunca te evalúes durante una enfermedad, cuando estés sediento o hambriento, cansado o con estrés excesivo por temas pendientes o agobiantes, disminuirán tus puntos de vista positivos sobre ti y tus progresos. Hazlo cuando te sientas bien, con la finalidad de que seas razonable, ecuánime y objetivo.

Responde a estas preguntas después de revisar tu diario de progresos y pequeños éxitos, así como la lista de cualidades y habilidades, escribe tus respuestas en el diario.

a) ¿Cómo has cambiado tus actitudes hacia la gente?

b) ¿Cómo han cambiado tus valoraciones y actitudes con relación a la vida?

c) ¿Han cambiado los pensamientos sobre ti mismo?

d) ¿Hay cosas que haces ahora que eras incapaz de realizarlas?

e) ¿Ha cambiado tu enfoque de la vida y los problemas? ¿Cómo?

Felicítate ante los cambios positivos, por pequeños que sean. Y celébralo, prémiate con algo no material que te haga feliz.

10

SABER DECIR SI A LA VIDA

En psicología se utiliza el término Anticipación negativa para describir la tendencia a dar demasiadas vueltas a los acontecimientos desagradables (preocupaciones) o hechos terribles que podrían suceder en el futuro. La anticipación negativa es una de las características principales de los trastornos asociados con la ansiedad y por extensión al pánico.

Cuando somos prisioneros de la anticipación negativa descubrimos a nuestro crítico interior preguntándose: "¿Qué pasaría si...?"

Imaginaros que tenemos miedo a sentirnos ansiosos o incómodos en casa de un amigo, de los abuelos...

Mientras nos vestimos y preparamos para ir a su casa, nuestro crítico nos ataca haciéndonos preguntas del tipo: ¿qué pasará si llego a sentirme ansiosa en casa de mi tía?

En lugar de reflexionar objetivamente, nos lanzaremos a la conclusión de que inevitablemente llegaremos a sentirnos ansiosos e incómodos (adivinación); y lógicamente para nosotros será lo peor que nos pueda suceder (catastrofización) y lo convertiremos en un absoluto fracaso en la vida. Pensamiento de debería / debo en forma de todo o nada: "Debería estar serena y equilibrada (en todo lo que hago) en casa de mi tía. Debería ser perfecta y no tener un problema como este".

Ser un **realista positivo** no quiere decir ser un iluso, ni mirar el mundo con gafas de color rosa pasando por alto los peligros y los problemas. Significa abordar la vida de frente, centrándose en las soluciones y posibilidades, prioritariamente, en lugar de en los aspectos alarmantes o en las dificultades.

Cuando desarrollamos esta actitud desaparecen las distintas formas de negativismo, y nos encontraremos tratando con la gente y los problemas de forma más efectiva y experimentando una sensación de gozo por nuestra vida.

Vamos a trabajar de seis maneras diferentes la reducción de la preocupación, ves adoptando las distintas estrategias a medida que vayas superando las etapas de dificultad para consolidar la nueva conducta. Veamos las distintas formas de convertirnos en un **realista positivo**.

"El pesimista se queja del viento; el optimista espera que cambie; el realista ajusta las velas".

W. George Ward

Ejercicio: El análisis en cuatro pasos.

Si te sientes preocupado, angustiado o temeroso con algo terrible o desagradable que temes que puede ocurrir, haz una evaluación objetiva utilizando *el análisis en cuatro pasos*.

PASO 1: determinar las probabilidades. Calcular de manera realista la probabilidad de que ocurra realmente, la situación o el acontecimiento temido. Por ejemplo: "Hay un 50% de posibilidades de que *"esto"* ocurra", "Un 10%" etc.

Recordemos que cuando tenemos miedo al fracaso, contestaremos que hay un 50% de probabilidades de que algo salga mal. Pero si a continuación nos preguntamos cuantas veces hemos fracasado en el pasado, la respuesta suele ser "nunca" o "una vez" (una única vez). Esto ocurre porque basamos las probabilidades en el sentimiento de

140

certeza de que fracasaremos en lugar de ser realistas y basarnos en experiencias pasadas de éxito.

Einstein nos explicó que *"El 90% del tiempo lo dedicamos a preocuparnos por cosas que jamás ocurrirán".*

Escribe un diario con tus predicciones negativas y al lado como ocurrieron realmente las cosas, educaras tu hemisferio positivo, y acallarás al negativo. Fíjate y escribe en tu diario tus aciertos, logros y superaciones diarias.

PASO 2: evalúa las consecuencias. Se trata de que consideres "lo terrible" del acontecimiento. Es evaluar las consecuencias que ocurrirán si lo que nos preocupa llega a suceder realmente.

Pregúntate: en una escala del 1 al 10, en la que el 10 es lo más grave que puede suceder, ¿cómo puntuarías este fracaso (error, ridículo...)?

Normalmente tendemos a magnificar, así que seguramente si tenemos miedo a fracasar en público, nuestra valoración será de 10, pero si nos piden (te pido) que lo comparemos con aspectos como padecer un cáncer, perder a una persona amada de forma trágica, etc. (Recuerda el ejercicio del capítulo 4). Contestaremos alterando la puntuación descendiendo a un 3 o un 2 únicamente. Cuando evaluamos

141

el grado de insoportabilidad o atrocidad de una situación , el 10 es siempre lo peor, lo más doloroso que puede ocurrir, si comparamos la situación con cosas consideradas por nuestra sociedad como horrorosas, por ejemplo, una guerra, te ayudará a evitar la magnificación catastrófica.

PASO 3: desarrollar un plan. Las personas catastrofistas suelen quedarse atrapadas en los dos pasos anteriores, sin querer entran en el bucle de la idea del suceso una y otra vez van repitiéndose lo terrible que temen que les pase quedando traumatizados y agotados.

Si observamos a alguien que no se preocupa de forma exagerada por las cosas aborda una posibilidad negativa, vemos que: - Escoge las posibilidades realistas de la posibilidad y analiza el grado de desastre que supone si llega a suceder lo negativo. Y pasa el tiempo sopesando las dos situaciones previas: ¿Qué puedo hacer para prevenir...?, ¿qué haría si realmente sucede?

Por ejemplo: un estudiante que está preocupado por si aprobará el curso o no, puede realizar una lista con las cosas efectivas que puede hacer para estudiar, o para pedir ayuda.

PASO 4: plan de acción en caso de que lo temido ocurra. Es necesario centrarse en la lista a acciones útiles que podemos realizar. Hay que ser concretos y específicos. El estudiante de nuestro ejemplo anterior, el que estaba preocupado por si aprobará o suspenderá el curso, se recordaba a sí mismo que suspender no significa la muerte o el fin del mundo. Significa únicamente repetir unas cuantas clases, y si lo comparas con el resto de toda una vida, queda minimizado.

EJEMPLO: Miedo a sufrir ansiedad estando en casa de alguien.

PASO 1: "Recuerdo las veces que me he sentido ansiosa en casa de mi amiga, por lo que podría ocurrirme hoy. Pero desde que estoy utilizando mis nuevas habilidades consigo sentirme bien en los sitios y con los amigos. Le asignaré un 15% a la posibilidad de que me ocurra".

PASO 2: "¿Cuán horrible es que me ocurra?. Sería molesto y algo frustrante, pero puedo soportarlo. ¿Saldría perjudicada o rechazada? No. Sentir ansiedad no es tan horrible, es más bien un fastidio, me ha ocurrido otras veces y se que siempre desaparece. Sólo tengo que recordarme que estoy bien, que todo empieza y todo acaba; busco con que distraerme y se que la tensión se esfuma y me siento bien.

PASO 3: "Sé que la ansiedad aparece cuando comienzo a leer los pensamientos de los amigos reunidos. Pienso que todos están pendientes de mí, verán que me sonrojo y me critican por ello. Luego se que comienzo a criticar todos mis fallos, "he hablado tarde", "he subido la voz"...

Llevaré encima mis tarjetas con las frases que me suben la autoestima y las que me recuerdan que no es anormal ni malo sufrir algo de ansiedad. Antes de salir me cambiaré el reloj de muñeca para acordarme cada vez que mire la hora que "todo empieza y todo acaba, así que puedo estar tranquila".

PASO 4: "Si se me dispara la ansiedad puedo disculparme unos segundos o ir al baño y utilizar las habilidades apuntadas en mis tarjetas. Y en última instancia puedo decirle a mi amiga que me gustaría quedarme pero prefiero marcharme ahora a casa. Te llamaré más tarde y ya estaré bien".

Y como último recurso puedo utilizar el ¿y qué, si...?, en la anticipación negativa solemos utilizar pensamientos y afirmaciones que comienzan por "¿y si...?", que generan adrenalina y aumentan los estados de ansiedad. Una forma infalible para vacunarnos de los efectos nocivos del ¿y si...? es utilizar un ¿y qué, si...?

Cuando pensemos ¿y si mi respiración se vuelve ansiosa? Inmediatamente lo convertimos en un ¿y qué, si mi respiración se vuelve ansiosa? Los pensamientos ¿y qué, si...? tienden a serenar nuestro estado de ánimo, y podemos aún más aumentar su efecto pacificador del ánimo si le añadimos una autoafirmación.

Aceptar la incertidumbre.

Los miedos que generan la anticipación negativa son frecuentemente los que nos exigen un grado de certidumbre (control) que es inalcanzable. Necesitamos estar seguros cien por cien de que no sucederá lo que tememos. No aceptamos que la verdad de la vida es su incertidumbre y que el equilibrio de nuestras emociones pasa por aceptarlo.

La verdad es que el entorno nos lo pone bastante difícil, las publicidades, los programas de televisión, las películas, las farmacéuticas, refuerzan el espejismo de que todos los problemas son evitables, que la vida debe ser segura y maravillosa. Desarrollamos debida a esta ilusoria creencia de obligada seguridad y bienestar, la tendencia de culpabilizar a alguien cuando algo sale mal porque los accidentes "no deberían ocurrir".

"El miedo siempre está dispuesto a ver las cosas peor de lo que son"

Woody Allen

Aceptar los peligros y los riesgos inevitables de la vida es básico para poder vivir de forma plena y creativa.

Recuérdate que las cosas "son como son y siempre son para mejorar, aunque aún no lo veamos".

Revisa tus creencias sobre la vida y el mundo que forman la base de tu ecosistema emocional.

EVALUEMOS NUESTRO ECOSISTEMA EMOCIONAL

Tus creencias actuales (recuerda el sesgo egocéntrico) fueron moldeadas por alguien, por las personas con las que has convivido en tu infancia (padres, abuelos, profesores, hermanos, tíos, amigos...) y por los medios de comunicación.

Trabajemos sobre 8 áreas importantes en las que nuestras creencias marcarán la diferencia entre vivir bien o mal.

Mira las palabras de la lista que hay a continuación y escribe lo que crees pensar sobre ellas.

AMOR:

DINERO:

DIOS:

ÉXITO:

FELICIDAD:

PAREJA:

SALUD:

SEXUALIDAD:

VEJEZ:

Lo que has escrito forma parte de lo que has aprendido. Reevaluemos las creencias, comenzaremos por el **amor**, es una palabra muy valorada, excesivamente utilizada para definir conceptos muy distintos de lo que en realidad es el amor. La mayoría de personas definen con la palabra amor relaciones de poder, lazos neuróticos. Lo que llamamos amor suele ser deseo, química o dependencia. El amor incondicional (el único que existe) libera, en lugar de reprimir, hace crecer en lugar de reprimir, da paz en lugar de inquietud.

Pero en vez de verlo así nos han educado con creencias en las que el amor es sufrimiento. Cuántas veces hemos oído "el amor trae dolor"; "el amor hace sufrir"; "quien bien te quiera te hará llorar". Escuchamos canciones que hablan de amores imposibles, traidores; novelas, películas... Cuando tenemos este tipo de creencias, lo más probable es que no podamos realizarnos del todo en ese ámbito.

SALUD, es un tema que todos solemos considerar importante y que habitualmente consideramos que es fundamental en nuestra vida, pero la verdad es que bebemos, comemos comidas grasas, fumamos, tomamos medicamentos nocivos o sin prescripción médica, drogas... No hacemos lo que decimos.

Un ejemplo de creencia errónea en esta materia que me hizo gracia fue la de que muchas personas creen que si les da una corriente de aire cogen gripe; - la gripe es vírica – si eso fuera verdad todo los habitantes del desierto tendrían gripe. Aunque la creencia es falsa, la persona que está convencida de que es así ante la primera sensación "de corriente de aire" coge un gripazo.

El mismo tipo de visión negativa aparece en las creencias sobre el **dinero** y el **sexo**, que se suelen ver como sucios.

Con relación al **dinero** oímos, "los ricos no van al cielo", "solo son ricos los ladrones y las malas personas", "trabajando honradamente no se hace uno rico".

Los niños que han crecido oyendo esto tendrán dificultades con su prosperidad, ya que ser rico será ser delante de todo el mundo malo, ruin o ladrón.

SEXO, en nuestra cultura el sexo se ve como algo negativo, como la parte más animal del ser humano. Si nos educan viviéndolo como algo sucio, será muy difícil poder tener una vida sexual plena y sana. Si fue un tabú en la infancia, es muy probable que inconscientemente siga siendo un tema prohibido, del que nos cueste mucho hablar y experimentar. Es muy pero que muy difícil tener una relación sana y equilibrada con algo que ha sido educado, codificado en nuestro cerebro como prohibido, para vivirlo bien primero hay que rechazar la creencia negativa y reeducar con una nueva positiva en su lugar.

LA FELICIDAD y las visiones negativas que nos pueden haber inculcado: "la tristeza no tiene fin, la felicidad si", "si eres feliz Dios te castigará", "la felicidad es una ilusión". Piensa que tenemos derecho a ser felices y que la felicidad es nuestra forma de interpretar los hechos, así que interprétalos aquí y ahora con felicidad.

DIOS: vengativo, iracundo, castigador, injusto, responsable de nuestra vida, hechos, actos, decisiones erróneas... o puedes verlo como una energía de equilibrio, esperanza, vida, que da libre albedrío y nos deja ser responsable de nuestros actos, pensamientos...

Cuando un niño escucha decir que: "Dios castiga a sus hijos" crea un vínculo de miedo, culpa y castigo. Porqué no le enseñamos a vivirlo como un vínculo amoroso, de perdón, comprensión y apoyo.

Haz ahora una reevaluación de tus creencias. Que deseas excluir de tu vida por inútiles y perjudiciales, y cuales deseas incluir en tu mente para mejorar.

Reevaluación de tus creencias
- Excluir, conservar o incluir -

AMOR:
- Excluir:
- Conservar:
- Incluir:

DINERO:
- Excluir:

- Conservar:
- Incluir:

DIOS:

- Excluir:
- Conservar:
- Incluir:

ÉXITO:

- Excluir:
- Conservar:
- Incluir:

FELICIDAD:

- Excluir:
- Conservar:
- Incluir:

PAREJA:

- Excluir:
- Conservar:
- Incluir:

SALUD:

- Excluir:

- Conservar:
- Incluir:

SEXUALIDAD:
- Excluir:
- Conservar:
- Incluir:

VEJEZ:
- Excluir:
- Conservar:
- Incluir:

*"La felicidad es interior, no exterior; por lo tanto no depende
de lo que tenemos, si no de lo que somos"*

Pablo Neruda

11

EL AMOR Y LA CONFIANZA SON LA SUPERACION DEL MIEDO

¿Eres de las personas que dan a los demás sin miedo a que abusen de ti? ¿Que dan sin esperar recibir nada a cambio?

Sé que es harto difícil responder estas preguntas sin entrar en un mar de contradicciones.

El problema no está en que generalmente no demos, sino en que realmente no sabemos cómo dar. Cuando trabajamos en la consulta o en los cursos las personas suelen descubrir que convertimos el "haz esto por mi" en un "y yo haré esto por ti".

La mayoría hemos sido educados en un sistema implícito de permutas, pocos dan sin esperar recibir algo a cambio, amor, halagos, aceptación, dinero...

Muchos me preguntan ¿y qué tiene de malo esta reciprocidad? Nada, excepto que con el tiempo la pregunta se transforma en - ¿Recibo lo suficiente a cambio?

Tenemos que controlar para no temer ser abandonados, no valorados o no amados, así que necesitamos sentir que no perdemos en el intercambio, cuando el recibir se convierte en el centro de dar, se pierde la paz interna y aparece la ira y el resentimiento.

"Si todo nuestro dar se refiere a recibir pensemos en lo cobardes que nos volveremos".

Sé que dar altruistamente nos resulta difícil, primero porque exige que seamos adultos maduros, y la realidad es que seguimos siendo "hijos" en cuerpo de adultos, no nos enseñaron a crecer. Y en segundo lugar porque es una habilidad que nuestra sociedad no ha promulgado mucho.

Hemos crecido pidiendo y exigiendo recibir, por lo tanto dar es una de las lecciones más importantes para crecer en esta vida y el miedo es el anclaje que debemos vencer.

Como bebés hemos llegado a la vida como "tomadores" absolutos, o tomamos o morimos, nuestra supervivencia está relacionada con el mundo que nos nutre, pero damos poco a cambio. No tenemos piedad ni con nuestros padres ni con nuestros vecinos cuando tenemos hambre o necesitamos que nos cambien el pañal o que nos acunen, lloramos sin piedad.

La alegría de nuestros padres ante nuestra sonrisa de bebé es nuestro primer intento de captar su atención ya que procede de los instintos de comunicación. Al ir cumpliendo años nos hacemos más independientes, nos podemos cuidar, pero una parte de nosotros no supera la cuna, seguimos teniendo "miedo" a que nadie alivie nuestra hambre. Hambre de dinero, de aprobación, de comida, de posesiones, de conocimiento, y el hambre aunque sea saciado siempre regresa a nosotros.

No es posible mantener el bienestar de otro ser humano si sus necesidades están en conflicto con las nuestras.

No hay nada más aterrador que depender de otro para sobrevivir. Somos adultos miedosos y nos formulamos las mismas preguntas que cuando niños.

¿Se irán papá o mamá?, ¿dejarán de quererme?, ¿cuidarán de mi?, ¿enfermarán o morirán?

El miedo nos impregna de un sentimiento de escasez, como si no hubiera suficiente. Estamos esperando sin cesar, y eso nos frustra y decepciona porque no hay justicia para nosotros. Y siempre se necesita más, más dinero, más elogios, más trabajo, más amor, más reconocimiento... lo único que conseguimos desde ese punto es más miedo a perder lo que tenemos y quedarnos sin nada.

Cuántas veces hemos visto a:

- Hombres de negocio con éxito que esperan necesitados la aprobación de su director o jefe.
- Mujeres con carreras independientes y autosuficientes que les exigen tanto a sus esposos que acaban a menudo solas.
- Hombres que no toleran la independencia de su esposa e hijos.
- Amas de casa que culpan a sus hijos y marido por el hecho de no haber podido ser nunca ellas mismas.

"Cuando damos desde los pensamientos de amor y generosidad, en lugar de dar desde las expectativas ocurre que la vida nos devuelve más de lo que hubiéramos imaginado"

REGALEMOS GRATITUD

Haz una lista con las personas que están en este momento en tu vida y con las que significaron algo en el pasado.

Enumera lo que te ha aportado cada uno a tu vida, incluso podemos aprender algo positivo de lo negativo que hayamos vivido.

Algunos hemos de agradecer los errores de nuestros mayores, porque si no nos hubieran dolido, hoy no intentaríamos ser mejores que ellos y no repetir sus errores.

Cuando la lista esté completa ves dándoles las gracias, visítales, llámales por teléfono, envía algún e-mail o una carta para darles las gracias por lo que nos han aportado.

Os asombrará lo realmente hermoso que es, y estáis dando generosamente sin esperar siquiera una respuesta.

Si no es posible hablar con alguien de la lista porque ya no está con nosotros, hazlo mentalmente, crea un espacio de calma, pon una música agradable y relajante, y háblale como si estuviera sentado frente a ti. Dile lo que deseas decirle. Es una buena cura para estar en paz con nosotros mismos.

"Perdona a tu enemigo pero recuerda que no es tu amigo"

Paulo Cohelo

Hay que librarse del dolor y la ira antes de poder traer el amor a nuestra vida, los sentimientos negativos que experimentamos con respecto a personas del pasado, los trasladamos a las personas de nuestro presente.

Hay que dar las gracias, cuanta más gratitud más confianza en la vida. Comencemos hoy mismo al levantarnos y agradezcamos el nuevo día: "gracias por la lluvia, todo estará más limpio", "gracias por el Sol, habrá más alegría", "gracias por el colchón que me permite reposar mi cuerpo de noche". En el trabajo demos las gracias en las situaciones ocasionales: "gracias por eso" o "gracias por tu ayuda". Practiquen en el autobús, el metro, con los vecinos: "gracias" acompañado de una sonrisa, es infalible.

REGALE CUMPLIDOS GENUINOS.

Un cumplido genuino no es una alabanza que suele ser algo vaga, difusa, general o excesiva. Un cumplido genuino es una aseveración asertiva, es reconocer en el acto una habilidad o una valoración positiva de una cualidad.

Cuando nos dicen una alabanza nos sentimos momentáneamente bien pero estas son dichas en términos tan absolutos que a veces nos incomodan. Cuando utilizamos un cumplido la persona sabe que es exactamente lo que está siendo apreciado o que es lo que ha hecho que al otro le ha favorecido.

Cuando hacemos cumplidos genuinos, los demás se sienten bien con ellos y con nosotros, y eso desencadena que nosotros nos sintamos mejor; este tipo de acciones positivas son una manera fácil de subir nuestra auto aceptación y consecuentemente nuestra autoestima.

Alabanzas	Cumplidos genuinos
• Eres la mejor cocinera del mundo.	• Gracias por el pastel de ayer, me gustó muchísimo.
• Eres el hijo más bueno del mundo.	• Aprecio que pases tiempo conmigo.
• Eres la mujer más elegante que conozco.	• Esta blusa realmente te sienta bien.
• No sé qué haría sin tu ayuda.	• El arroz que me prestaste me permitió quedar bien con los invitados sorpresa.

El sentirnos molestos frente a las alabanzas puede estar provocado por cumplidos tan exagerados a cuya altura es difícil de llegar, que nos suenan totalmente falsos, vacíos de sinceridad.

Otras veces es la falta de práctica en recibir cumplidos y no saber como hay que actuar frente a ellos; aunque la mayoría de las veces la incomodidad es debida a la baja autoestima, la persona siente que no los merece, en alguna parte su crítico le recuerda que no es lo "bastante buena".

Pero sea el problema que sea el que sientas, di siempre "gracias" frente a un cumplido. "Gracias" sin coletillas ni explicaciones.

- ¡Qué guapa que estás hoy!
- ¡Gracias! Pero es porque vengo de la peluquería.

Sólo di GRACIAS, el resto sobra y aumenta tus inseguridades.

Con el tiempo los cumplidos te serán gratos, y aprenderás que dar y recibir cumplidos es beneficioso, ya que nos volvemos observadores de los aspectos positivos que tienen los otros y eso educa a nuestra atención selectiva en ver cualquier aspecto positivo en las cosas y en las personas, incluso en nosotros. Nos volvemos además más optimistas y relativizamos mejor los miedos y las inseguridades.

NO SOMOS RESPONSABLES DE LAS REACCIONES EMOCIONALES DE LOS DEMÁS.

No tenemos la capacidad ni el poder de hacer felices o desgraciados a los demás, son ellos mismos quienes se provocan su malestar o felicidad, ya que las reacciones que los otros tienen hacia ti o hacia los acontecimientos que ocurren entorno a ellos son solo el resultado de sus propias creencias e interpretaciones. Tú solo eres responsable de tus propios sentimientos y acciones.

"Nadie puede hacer que te sientas inferior sin tu consentimiento"

Eleanor Roosevelt

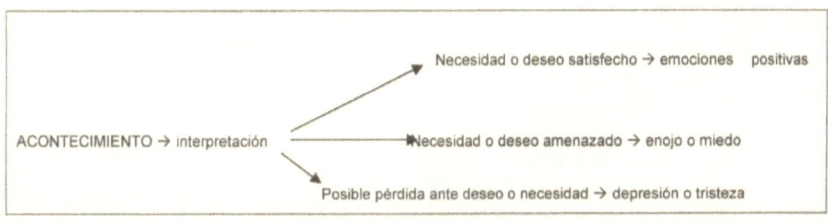

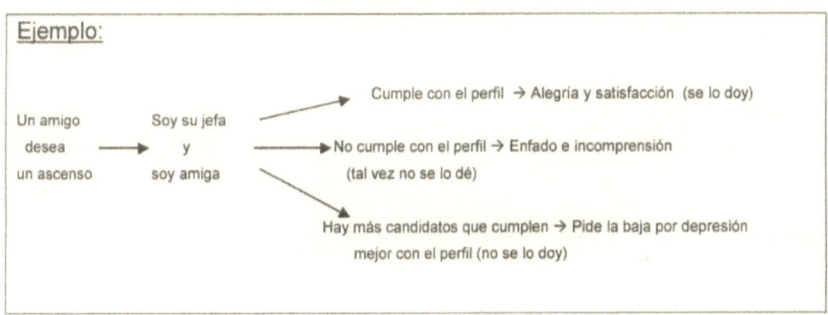

En este caso queda claro que no tiene derecho el amigo a poner en peligro la capacidad profesional de la jefa, ni el buen funcionamiento de la empresa, pero si esto nos ocurriera seguramente en el primer caso, nuestro amigo estaría feliz pero en los dos segundos sus creencias sobre él mismo, sus necesidades, harían difícil seguir con la amistad. Si la persona ha sido educada en la creencia de que la optimización del trabajo es importante una vez pasadas las primeras horas y reconducidas las emociones seguiríamos siendo amigos. Si en cambio las creencias del amigo son de primar la relación por encima de la ética, no nos entendería y rompería la amistad o esta saldría resentida.

Ponte unos instantes en la piel del primero, el acontecimiento es la posibilidad del ascenso, y tu lo deseas, tú jefa actúa y tú interpretas como te sentirías en casa una de las circunstancias.

¿Cómo te has sentido? Ha sido la interpretación de los hechos según tus creencias lo que le dan un valor u otro. Solo es un jefe tomando decisiones sobre lo que cree mejor para la empresa.

APRECIAR NUESTRO PROPIO VALOR.

Eres un ser único con un talento único para el mundo. Ningún otro tiene tus experiencias o vivencias, ni puede ver el mundo como tú lo ves.

Así que sigue desarrollándote leyendo libros positivos, asistiendo a conferencias motivadoras, escuchando CD's que te ayuden a creer en ti.

Piensa en los siguientes datos:

- Las personas que solo dedican su tiempo en formación tradicional están menos preparadas para la vida y su nivel de eficacia en el desempeño de su profesión no supera el 25 por ciento, en algunos casos solo el 4 por ciento.

- Los últimos estudios en relación a la excelencia profesional, indican que las habilidades emocionales son al menos el doble de importantes que las habilidades técnicas o intelectuales.

- El 90% del éxito en los puestos de alta dirección empresarial depende de la inteligencia emocional.

- Daniel Goleman definió la inteligencia emocional como la "capacidad de reconocer nuestros propios sentimientos y los sentimientos de los demás así como la capacidad para motivarnos y conducir adecuadamente las relaciones que mantenemos con los demás y con nosotros mismos".

- La inteligencia emocional se adquiere a través del desarrollo de competencias personales y sociales.

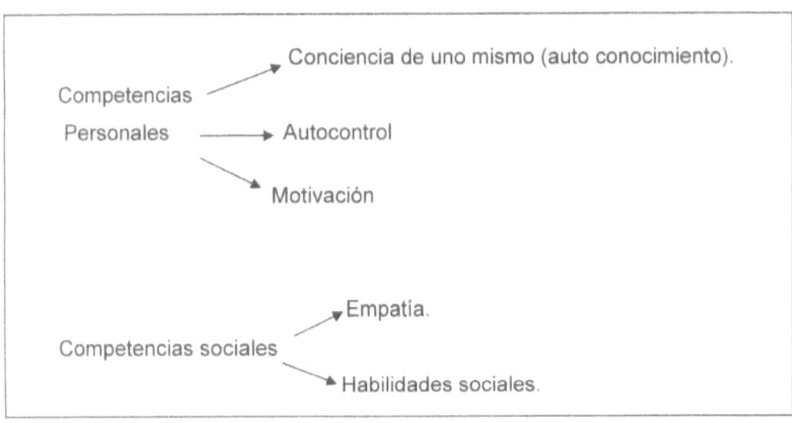

Nuestra formación no debe finalizar nunca, porque comenzamos a morirnos en el momento en que dejamos de aprender. En budismo te enseñan que cuando el bambú (símil de la mente) se vuelve rígido perdiendo su flexibilidad, muere. Si tu mente se vuelve rígida y pierdes la capacidad de adaptarte a lo nuevo, comienzas a envejecer.

Tómate tiempo para esclarecer y revisar tus creencias filosóficas o espirituales. Pregúntate: ¿Cuál es el significado de tu vida?, ¿qué es lo que hace verdaderamente feliz a una persona?, ¿qué puedo hacer para mejorar el mundo en el que vivo?

Se suele ridiculizar este tipo de reflexión, vivimos en un mundo que rinde culto a la gratificación inmediata, a tener muchas cosas, aunque no sean realmente necesarias.

Hemos primado "el tener al ser", y nos hemos "cosificado" los unos a los otros, nos vemos como cosas que se quieren no como personas que sienten. Cuanto más cuidemos nuestra vida interna más significado adquirirá todas las áreas de nuestra vida y viviremos sin miedo.

Leed libros que os ayuden a pensar como por ejemplo "el ABC de la felicidad" de Lou Marinolf, o "Thor, el iniciado", escrito por mí, o cualquier libro de Deepak Chopra.

Os invito a ver DVD's como "Conversaciones con Dios", "El secreto" o "Samsara". Solo son sugerencias para aquellos que no sepan por donde comenzar, pero cuando empecéis a buscar aparecerán libros que encajen mejor con vosotros.

12

HAZ LO QUE TENGAS QUE HACER

Repasemos algunos de los conceptos trabajados hasta ahora en "Cómo decirle adiós a los miedos", pero desde una dimensión algo más filosófica, más sutil.

LA EMOCIÓN, MÁS ALLA DE LA RAZON.

El amor incondicional, algo que a simple vista parece fácil hemos visto que no lo es tanto y que conscientemente todos deseamos ser capaces de dar, incluso expresamos saberlo hacer. Aceptar a los demás sin juzgarlos, sin expectativas, amándolos tal y como son, no suele estar en nuestro repertorio de habilidades naturales.

Amar incondicionalmente significa celebrar la inteligencia divina trascendiendo todos los miedos. El miedo siempre es la traba, el problema y el amor es la solución.

Es vivir en el desafío de la dualidad razón – emoción, estar en equilibrio viviendo en un eterno "aquí y ahora", sin rencores del pasado ni expectativas de futuro.

Es dejar de entender y vivir el futuro como una expectativa y aprender a vivirlo como una probabilidad. Una probabilidad no cumplida, sigue siendo una probabilidad; una expectativa no materializada, no cumplida es una frustración.

Cuando sepas equilibrar tus dos hemisferios cerebrales, izquierdo y derecho, tengas una alta autoestima, y hayas desarrollado tu optimista realista, los milagros se presentarán en tu vida.

LA MENTE ACTUA COMO CO-CREADORA

El pensamiento es energía y esta sigue la dirección del pensamiento. Todo lo que hemos creado, inventado, convertido en ciencia o ley, todo lo que existe en el universo físico surgió en primer lugar en la mente.

Como hemos visto una y otra vez en el libro: los pensamientos generan emociones que a su vez generan comportamientos.

Estos comportamientos tienen consecuencias en el universo físico, estas consecuencias generan de nuevo pensamientos completando el ciclo de **pensar – sentir – actuar**.

Nuestros pensamientos (60.000 diarios) dependen de las creencias que tenemos (que nos han inculcado). Si no quieres que se materialicen en tu universo físico, escudriña lo que has pensado y busca las creencias que no deseas que hay detrás de tus pensamientos.

Cambias esas creencias, reedúcate y tendrás cosas nuevas, vivencias diferentes en tu vida.

"Creer para ver y no ver para creer"

ELIGE SER LIBRE

Siempre es posible, elegir como reaccionar ante cualquier situación, cualquier humano por el mero hecho de serlo, posee una mente poderosa potencialmente capaz de trascender o mitigar cualquier acontecimiento inesperado. Nos convertimos en parte del problema cuando nos dejamos llevar por la circunstancia que lo ha creado. Pero como enseñaba Buda y hoy en día los neurolingüistas, si te conviertes en observador de ti mismo, actúas con integridad y compasión, generando la habilidad de poder ver una connotación positiva a un suceso negativo cuando ocurra (resilencia).

El libre albedrío que en la creación se nos concedió no existiría si no tuviéramos la capacidad de superar cualquier situación (trascenderla) y empezar de nuevo.

"Lo que importa no es lo que te sucede, si no el modo en que tú lo percibes"

GRATITUD, SE PRÓSPERO.

Para recibir hay que dar, para llegar a alguna parte hay que ir. Un camino comienza con el primer paso. La gratitud es la madre de los demás sentimientos. Las emociones son reacciones químicas, neuropéptidos que circulan por nuestro torrente sanguíneo y nos producen un vaivén de sensaciones:

alegría, euforia, enfado, tristeza... y los sentimientos son estados mentales escogidos y mantenidos en el tiempo independientemente de lo que ocurra a nuestro alrededor: la paz interior, la armonía, la felicidad...

Hay escasez de gratitud, y esa misma escasez provoca desequilibrio e infelicidad en nuestras vidas.

Da las gracias cada día por lo que tienes, y lo que deseas tener, y atraerás hacia ti como ocurre siempre, lo que deseas, además de lo que aún no posees y lo que aún no sabes que deseas tener.

LA INTELIGENCIA AL SERVICIO DEL SER

El uso del conocimiento consciente e inconsciente es la sabiduría.

La sabiduría se manifiesta agudizando la percepción y flexibilizando la capacidad de acción. La experiencia unida a una capacidad de profunda reflexión interna nos abrirá los secretos del Universo, es en el interior de cada uno donde duermen guardados.

Si lo que haces no te funciona, piensa, analiza y haz otra cosa, cambia tu acción, seguir con los mismos planteamientos y esperar resultados diferentes es tan absurdo como mezclar coca-cola y ron y en vez de llamarle cuba libre, le denominamos gin-tonic y esperamos que sepa a ginebra y tónica.

"No hacer nada, es muchas veces hacer lo que es necesario hacer".
"No decidir, ya es haber decidido".

ARMONIA EN ARMONÍA

"Es cierto que no es posible descubrir la piedra filosofal; pero es bueno que la busquemos. Pues en el transcurso de esa búsqueda descubrimos muchos secretos útiles que no buscábamos"

Bernard Fontenelle

Todas las tradiciones filosóficas y religiosas han desarrollado técnicas para buscar la paz interior que armonice nuestras vidas. La psicología moderna ha adaptado algunas de estas técnicas y le ha dado el nombre de "aprender a relajarse".

No importa si es meditación, si son ejercicios de Yoga, Chi-Quong, Aikido o relajación, lo importante es que aprendamos a crear instantes de Paz.

El ser humano desde siempre ha estado en permanente búsqueda; buscamos algo que nos de sensación de paz, como si necesitáramos retener la eternidad en un instante.

A esa sensación le damos muchos nombres, y no sabemos definirlo pero lo que intentamos alcanzar, lo que vamos buscando, es la Armonía.

Cuando somos capaces de armonizarnos con lo que nos rodea, con todo y con todos, con el ritmo del tiempo y con nosotros mismos, también estamos armónicos con el Universo, y el distrés (estrés malo) desaparecerá de nuestras vidas y la liberación de todo miedo, es la recompensa.

La armonía es la esencia de la vida, si vives en armonías con tus pensamientos, ética, deseos y con lo que te rodea, serás pura vida.

UNIDAD

En los años 80 dentro de los movimientos ecologistas corría la historia del "enésimo mono", en aquellas circunstancias sirvió para crear y dar esperanza a los primeros grupos de ecologistas que luchaban por detener la construcción de nuevas centrales nucleares por el peligro real que representan para el planeta y la propia humanidad. La historia real se basaba en unos estudios que se realizaron en los 70 por biólogos y antropólogos con un grupo de primates autóctonos de las islas de Japón, para que los animales se familiarizaran con los científicos estos les regalaban boniatos.

Cada mañana al llegar a sus puestos de observación a cierta distancia de la manada, uno de ellos dejaba cerca de la playa de forma visible unos cuantos boniatos y luego regresaba al lugar que ocupaban los otros científicos. Una de las crías, lavó un día en el agua de mar el boniato, le debió gustar el nuevo sabor y se lo enseñó a sus colegas de juegos. La madre del primate comprobó la bondad del nuevo descubrimiento de su cría y lo enseñó a las demás madres, al poco tiempo todos lavaban en agua de mar los boniatos antes de comerlos. Esto no tendría ninguna relevancia en especial, es aprendizaje. Lo curioso realmente de esta historia es que al cabo de un tiempo los primates de la misma especie pero que residían en islas contiguas comenzaron ha hacer lo mismo. Limpiaban los boniatos. ¿Qué tenía esto de especial? Pues que habían incorporado un hábito que hasta entonces no formaba parte de los instintos de alimentación de dicha especie y sin haberlo aprendido por imitación. Unos animales no estaban en contacto con los otros, el mar separaba unas islas de las otras. Pero no solo ocurrió el cambio en la especie en Japón sino que el hábito apareció en la misma especie en lugares alejados y en cautividad. Así que se postuló que cuando un número X de sujetos de una especie han incorporado un aprendizaje este se concretiza en algún campo mórfico que desencadena en la especie el aprendizaje de dicho hábito, conducta o pensamiento modificando los comportamientos, la conducta de dicha especie.

Así que cuanta más gente estuviera en contra de la energía atómica, se llegaría a ese sujeto X (el enésimo mono) y la especie humana en masa rechazaría dicha energía. La verdad es que el grupo de ecologistas logró detener la construcción de nuevas centrales en Europa y Estados Unidos hasta el día de hoy.

¿Quién fue el enésimo mono? No lo sé, ni ellos, pero hubo uno, pues ocurrió.

Esto sirvió para dar algo más de cuerpo científico empírico a la explicación de que existe un "subconsciente colectivo" de las especies (Carl G. Jung) o una energía "gestalt" (Max Wertheimer).

Así que podríamos afirmar sin rubor que todos somos parte de una energía gestalt que podemos llamar: infinito, Universo, fuente primera, rueda de la vida, hay infinitas maneras de referirse a ese "algo" que es el Todo.

Lo importante no es lo que es, ni como es, si no tomar conciencia de que todo lo que pensamos, decimos o hacemos produce consecuencias positivas o negativas a la vibración del Todo (del campo mórfico).

Si experimentamos nuestra vida a través del filtro del miedo y la desarmonía, nuestra contribución es inevitablemente negativa dentro de la frecuencia del subconsciente colectivo;

174

pero si es armónica, con respeto por nosotros y los que nos rodean, si ponemos nuestra buena voluntad en los actos hacia el entorno, pensamos globalmente y actuamos con coherencia, estamos favoreciendo a que haya un "enésimo mono" que ayude a cambiar las fuerzas y caminemos hacia el éxito de la paz, la salvaguarda de la vida.

El éxito universal y el éxito personal siempre van juntos, son interdependientes, cuando los separamos el éxito se convierte en poder y eso provoca escasez y miedo.

LLENAR EL VACIO: HAZ DESAPARECER EL HAMBRE DE LA INFANCIA

Hemos revisado algunas herramientas poderosas en este capítulo, todas ellas enfocadas a llenar el vacío interior, nuestra sensación de hambre emocional que da pie a que nuestro crítico interior tome las riendas y en lugar de sentirnos realizados, nos hace vivir en una sensación de miedo permanente.

Todos tenemos un ego, un yo que se ha creado a si mismo a imagen y semejanza de lo que le han dicho que es. Un yo que se mira a través de los ojos de la aprobación de los demás, que necesita gustar y ser aceptado para aceptarse y gustarse.

Y un yo superior o el Ser interior, que es el amor incondicional, la felicidad, la intuición, la fe, la inspiración, las aspiraciones, el que guía la búsqueda de la piedra filosofal.

El miedo y sus creaciones en nuestra vida vienen de la separación de nuestra conciencia del Ser, en algún momento de nuestra primera etapa de vida hemos dado fuerza al crítico, pero ahora podemos decidir funcionar de nuevo a través de nuestro yo superior o Ser interior.

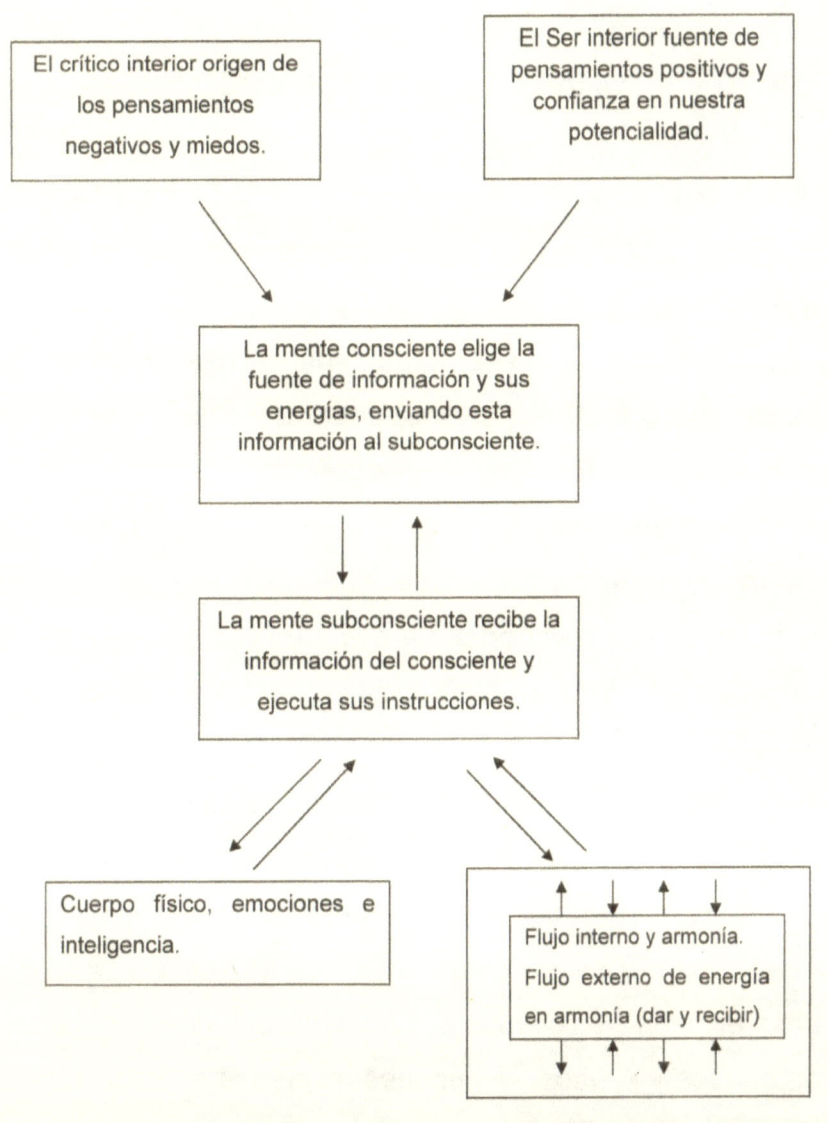

El crítico interior origen de los pensamientos negativos y miedos.

El Ser interior fuente de pensamientos positivos y confianza en nuestra potencialidad.

La mente consciente elige la fuente de información y sus energías, enviando esta información al subconsciente.

La mente subconsciente recibe la información del consciente y ejecuta sus instrucciones.

Cuerpo físico, emociones e inteligencia.

Flujo interno y armonía.
Flujo externo de energía en armonía (dar y recibir)

SIÉNTATE A TOMAR CONTACTO CONTIGO MISMO

Practica este sencillo ejercicio que te ayudará a convencer a ese niño interior de que somos adultos maduros, responsables y que velaremos por él.

Dejemos de ser el bebé hambriento y descubramos que nosotros (el adulto que somos) podemos satisfacer nuestras propias necesidades de amor y seguridad.

Siéntate cómodamente, deja que tu respiración vaya volviéndose rítmica y acompasada.

Imagínate que tienes frente a ti a la persona que más quieres o has querido, trata de sentir toda la ternura y el amor que te inspira.

Cuando hayas conseguido expandir este sentimiento por todo tu cuerpo, deja de pensar en esa persona y dirige ese amor hacia ti, piensa en el bebé que has sido, y déjate conmover por él. Cuando seas capaz de abrazarle mírale crecer tal y como es, con sus virtudes, sus defectos, aciertos, errores, esperanzas y miedos. No juzgues, ni piense en nada sobre lo bueno y lo malo. Sencillamente quiérete con todo tu corazón.

Hazlo cada día durante 10 minutos y deja que crezca sin cesar la calidad e intensidad del amor.

APLACAR LAS TORMENTAS MENTALES

Es un ejercicio muy sencillo cuando todo nos falla, nada nos calma ni suprime nuestros miedos, aunque debemos saber que primero nos parecerá fácil mantener la atención centrada en la respiración, luego es aburrido – manifestación del crítico – si seguimos insistiendo atacará con la distracción y la incomodidad física – picores, bostezos, dolores de espalda – si la resistencia interna no nos hace abandonar, entonces aparecerán los pensamientos de la mente consciente – me he dejado en el despacho, mañana tengo que... – Toda esta juerga forma parte del proceso y aunque no seamos capaces de continuar, ya nos habrá calmado; pero si sigues, si cada vez que aparece la resistencia regresas a la frase del ejercicio – "aspiro la verdad – espiro la no verdad" hasta que desaparezca toda resistencia entramos en un estado de absoluta serenidad, una especie de equilibrio feliz, una sensación de fluir con la vida.

Aspirar la verdad, espirar la no verdad

Céntrate en la respiración, pensando mientras aspiras (entra el aire) "entra la verdad" y cuando espiras (expulsas el aire) "expulso la no verdad". Imagina que la verdad y la no verdad

179

son energías diferentes, incluso podemos darle colores – verdad azul, no verdad gris por ejemplo – y que te llenas de una y te vacías de la otra. No pienses sobre lo que significa concretamente la "verdad" o la "no verdad", el Yo superior, la sabiduría ya se ocupa de ello, no hace falta mezclar el crítico interior.

13

TRASTORNOS EMOCIONALES

Por disfunciones cerebrales o problemas bioquímicos con los neurotransmisores se pueden presentar trastornos emocionales que requieran el tratamiento de un médico especializado. Algunos de estos trastornos además de una terapia adecuada pueden ayudarse con los consejos ofrecidos en este libro, aunque debes consultar siempre con el médico que te esté tratando. Sobre la idoneidad o no de los ejercicios que tu elijas realizar.

1. ESTRÉS

Es una actitud biológica necesaria para la adaptación del organismo a las nuevas situaciones. Un cierto nivel de estrés es normal en la vida de las personas y en niveles controlados incluso es saludable, ya que nos motiva y nos hace más productivos. En cambio el exceso de estrés o una respuesta fuerte y continuada a éste mantenida en el tiempo puede convertirse en realmente dañina para el cuerpo y la mente.

Vivir con niveles altos de estrés puede predisponer al sujeto a padecer una salud general deficiente, al igual que enfermedades físicas y psicológicas específicas, como infecciones por la bajada de defensas en el organismo, enfermedades cardíacas o depresión. El estrés persistente a menudo conlleva a padecer ansiedad y a comportamientos nocivos como comer demasiado o consumir para lograr tranquilizarnos alcohol o drogas.

2. TEPT. Trastorno de estrés post – traumático

El TEPT es un trastorno de estrés persistente que puede aparecer como consecuencia de un evento traumático como una agresión sexual o física, un terremoto, una guerra...

Existe este trastorno si aparece el arrebato emocional original cada vez que algo recuerda a la persona, incluso vagamente la experiencia traumatizante.

3. ANSIEDAD

Es un estado de ánimo persistente de aprensión o miedo, pero la fuente del desasosiego no siempre se reconoce o se sabe, lo que incrementa aún más la angustia que provoca. Este estado de ánimo puede provenir del miedo a un peligro real (reacción apropiada), un estado emocional (como la enfermedad grave de un ser querido), de otro trastorno más grave (como la depresión o un cáncer), o por una condición física (bajos niveles de azúcar en sangre, hipertiroidismos...).

4. DEPRESIÓN

Las emociones asociadas a la depresión se pueden describir como: sentirse triste, melancólico, infeliz, derrumbado, miserable, nada, desgraciado.

La mayoría de las personas han sentido o pueden sentirse de esta manera alguna que otra vez durante periodos cortos, pero la "depresión clínica" es un trastorno del estado de ánimo en los que los sentimientos de tristeza, pérdida, ira o frustración interfieren con la vida diaria durante un periodo prolongado.

La depresión generalmente se clasifica en término de gravedad: leve, moderada o severa. El especialista puede determinar el grado de la depresión y aplicar el tratamiento.

La baja autoestima suele estar frecuentemente asociada a la depresión, igual que en los arrebatos repentinos de ira y en la falta de placer en actividades que normalmente suelen hacer feliz a las personas, incluyendo la actividad sexual.

5. TRASTORNO DE PÁNICO

Aparece en ataques de corta duración, y es la aparición involuntaria, súbita y repetida de ataques de pánico que no están justificados por ninguna situación concreta. No está relacionado con la práctica de ejercicio intenso, ni con situaciones peligrosas o de amenaza para la vida.

Un trastorno de pánico tiene el riesgo de convertirse en un trastorno obsesivo – compulsivo o en un trastorno depresivo. Estos pacientes pueden desarrollar ideas de suicidio (aunque no es habitual que incurran en él). También pueden tener cierta tendencia a consumir substancias (dentro de fenómenos evasivos – defensivos).

6. TOC. Trastorno obsesivo - compulsivo

Se cree que el problema radica en una disfunción en la parte del cerebro que actúa como centro de filtrado de los mensajes "muy complicados" generados por la parte frontal del cerebro cuando pensamos, planificamos y comprendemos algo.

Este filtro actúa para apartar pensamientos o sentimientos que son intrusos y entorpecerían lo que queremos hacer, este filtro actúa de forma automática. Por ejemplo estoy haciendo un complejo cálculo aritmético, el filtro aparta toda distracción para que pueda resolver la operación. El TOC sucede cuando esta parte se torna muy activa, y nos atrapa en un bucle de pensamientos circulares, repetitivos y obsesivos, no dejando entrar pensamientos que me sirven para dejar de pensar lo mismo una y otra vez.

Se asocia a personas con baja autoestima y con un gran miedo a la desaprobación.

Estemos en la situación que estemos si desarrollamos un estilo de vida basado en mantener un nivel bajo de estrés, podremos decirle "adiós al miedo" más fácilmente.

Recuerda la ansiedad y el miedo no son más que un mensaje de que alguna necesidad no está siendo satisfecha. Sé que no es fácil vivir un estilo de vida que equilibre nuestras necesidades: físicas, mentales, emocionales, relacionales y espirituales. No intentes cambiarlo todo a la vez generarás más estrés y con ello miedo, hazlo poco a poco pero sin pausa viviendo en armonía.

a) **Búscate tiempo para la "relajación"**, es esencial para la salud física y mental, tener tiempos regulares de relajación es el equivalente a la puesta a punto de nuestra calefacción para que rinda al máximo o de nuestro coche para que dure más tiempo.

Hay formas activas y pasivas de relajación, te sugiero algunas para que sepas por donde comenzar:

Formas activas de relajación	Formas pasivas de relajación
• Cursos de pasatiempos: cocina, egiptología, cine, modelado de arcilla...	• Biofeedback.
• Baile: de salón, del vientre, country...	• Respiración diafragmática.
• Manualidades: jardinería, bricolaje...	• Duchas calientes.
• Deportes individuales: golf, tenis, natación, jogging...	• Masaje corporal.
• Senderismo.	• Meditación u oración.
• Tardes o noches con amigos (un café, cenar).	• Cine, teatro, música.
• Risoterapia.	• Lectura.
	• Autohipnosis o Sofrología.
	• Yoga.
	• Siesta.
	• Taichi.

Recuerda unas actividades pueden resultarte relajantes pero otras de la lista no, cada persona es un mundo así que selecciona los que se ajusten a ti.

b) **Las personas con ansiedad elevada** pasan de una actividad a otra sin descanso, no se conceden intermedios de descanso. No hay "descompresión", a veces ni siquiera paran para comer. Así que "descomprímete", ves al baño aunque no lo necesites cada hora y media de trabajo. Para y hazte una infusión o si la llevas en un termo levántate y tómatela alejada de tu zona de trabajo para que nadie te moleste.

Incorpórate unos minutos a alguna charla trivial. Descansa para comer y al salir del trabajo date un respiro. Organízate para no ir como un loco/a de una obligación a otra. Si tienes niños llévalos a un parque mientras ellos juegan tu relájate con las plantas. Veras que lo vives todo con más energía.

c) **Humor.**

Es el gran aliado contra el estrés. El humor ayuda a ver tus limitaciones simplemente como un aspecto de ser un humano en lugar de una imperfección.

Cuando percibas que te lo tomas todo demasiado en serio, disfruta del aspecto cómico de la vida de forma bonachona, inocente, sin ridiculizarte ni humillarte.

d) **Apoyo emocional.**

Las ruedas de poder femenino surgieron en países donde las mujeres solían tener prohibida las relaciones sociales, así que se reunían en casa de mujeres que por un motivo u otro tenían algo en común, la pérdida de un hijo, la enfermedad, la soledad. Poco a poco este tipo de reuniones de apoyo incondicional han ido extendiéndose en todas las culturas, ahora comienzan ha haber grupos masculinos que se reúnen para hablar de ellos entre ellos.

Los grupos de buenos amigos, las uniones familiares sanas, las mascotas o algún grupo terapéutico de autoayuda pueden ofrecernos la salida del aislamiento y la soledad, libres del miedo a la desaprobación.

e) **Apoyo espiritual.**

Me refiero a buscar o tener algo en tu vida que te ayuda a encontrarle sentido al mundo en que vives.

La filosofía, leer libros, la meditación privada son fuentes comunes que ayudan a encontrar sentido a la incertidumbre y encontrar paz cuando cometemos errores o no logramos conseguir nuestros objetivos.

Si ya tienes tus propias creencias pero olvidaste hace tiempo sus prácticas, renuévalas, reencuéntrate con tus orígenes o bien si no te satisfacen busca alternativas más armónicas con tu vida de ahora.

f) **Renueva tus hábitos alimenticios.**

Una dieta equilibrada, rica en vitaminas, minerales y aminoácidos esenciales ayuda a frenar el estrés y con ello la ansiedad, la fatiga física e intelectual.

Busca un buen nutricionista para que te ayude a distribuir correctamente las dosis que necesitas de dichos nutriente teniendo en cuenta tus horarios, hábitos y estado físico.

g) **Practica la respiración diafragmática relajada.**

Intenta convertir este tipo de respiración en tu respiración. Respirábamos así durante la primera infancia.

Realiza este ejercicio dos veces al día, una por la noche antes de acostarte y otra justo al levantarte.

Los objetivos son: ser capaz de saber cuándo estamos respirando con el diafragma sin necesidad de colocar la mano en el abdomen y conocer la sensación de la respiración diafragmática, suave, cómoda, relajada. El miedo nos hace hiperventilarnos, y eso desencadena la ansiedad. Cada sesión inicialmente no debe durar más de un minuto, tiempo más que suficiente para realizar 4 o 5 respiraciones relajadas y cómodas.

Puedes realizar el ejercicio acostado o de pie.

Coloca una mano sobre el abdomen encima del ombligo y respira vaciando (exhalar) el máximo que puedas tus pulmones sintiendo como se hunde el abdomen, el aire entrará automáticamente sin ningún esfuerzo en la inhalación (inspirar), expandiéndose la región abdominal sin ningún esfuerzo.

Exhalas (espiras) sientes como se hunde el abdomen, inhalas (inspiras) percibes como entra el aire y se expande hacia a fuera el abdomen.

Si dudas de lo que ocurre en tu pecho coloca tu otra mano encima y podrás percibir como se mueve en relación al abdomen.

Las respiraciones han de ser relajadas, pero no demasiado lentas ni tampoco demasiado rápidas. Recuerda un minuto equivale de 4 a 5 respiraciones completas (inspirar / expirar).

"Suerte es cuando coinciden preparación y oportunidad"

J.F. Kennedy

Y por último hace años "Sage Flower", una mujer "Piel Roja" me enseñó en una situación algo comprometida un sencillo ejercicio que me liberó de mi miedo a los puentes suspendidos en el aire. Yo le llamaba en aquel momento, falta de "habilidad". Ella le nombró miedo a "no saber volar".

Me pidió que respirara observando que el aire entraba y salía de mi cuerpo por la nariz.

Cuando el aire entraba debía pensar que con él entraban la paz y el coraje, y cuando lo expulsaba, echaba fuera de mi las dudas y el temor.

Hay que seguir respirando hasta que la tensión desaparezca de nuestro cuerpo.

Ahora hay que imaginarnos realizando lo que tanto miedo nos produce, pero nos vemos realizándolo con confianza y poder interior, con la fe de que la suerte está de nuestro lado en ese instante.

Vemos a nuestros amigos o pareja, o jefe, alentándonos y compartiendo ese instante de fe, de poder interior con nosotros. Respiramos para mantener la emoción de éxito, de coraje en nuestro interior. Y abrimos los ojos felicitándonos por haber sido capaces de realizarlo, de haberlo logrado, de haber vencido el miedo y actuado.

No es necesario que inmediatamente después pidas el aumento de sueldo o cruces el puente. Repítelo tantas veces como necesites hasta que la seguridad del coraje esté dentro de ti. Entonces hazlo y habrás dicho ¡Adiós a tú miedo!

Yo crucé a la quinta vez que ella me ayudó a realizar el ejercicio. Aún recuerdo sus gritos jaleándome, apoyándome mientras cruzaba al otro lado por aquel puente de cuerda y tablones de madera. Creo recordar que grité pero de poder, los últimos dos metros, tal vez fueron centímetros – no nos ponemos de acuerdo las dos en la distancia – pero fue lo mejor que había sentido jamás. Pude entender el valor del Samurai, o del guerrero antiguo, que sabían que iban a morir pero igualmente iban a defender o a conquistar el lugar. Había tanta fe, tanto poder interior que vencían, eran intocables, estaban bendecidos por la suerte.

Después de ese día, he utilizado en mí y en otras personas este ejercicio, y la verdad es que es muy eficaz. Reeduca nuestra mente y deja atrás al crítico interior conectándonos con nuestra mente positiva.

Goethe decía:

"Si piensas que puedes o sueñas que puedes, empieza. La osadía posee genialidad, poder y magia".

Coraje, viene de tener corazón. Para ser valiente poseer coraje hay que sentir miedo, pero a pesar de ello creer con todo el corazón (fe) que lo conseguiremos y hacerlo. Atrévete a hacer lo que deseas y el poder te será dado. Comienza ya, ahora mismo. Tienes las herramientas.

14

TRANSMUTANDO EL MIEDO

"Felicidad no es hacer lo que uno quiere si no querer lo que uno hace"

Thomas Chalmers

El miedo al igual que la muerte son inherentes a la vida, son inseparables, la muerte nos sirve para dar valor a los pequeños momentos y amar la vida; el miedo nos ayuda a crecer y evolucionar, con cada superación entramos en un espacio de autoestima y de evolución de la propia especie.

Cada miedo que superas, no solo lo superas tú, también tu familia, tus hijos, alumnos, aquellos que te utilizan de referente lo superan observando tu ejemplo. Y como mínimo no continuas transmitiendo su enseñanza a los tuyos. Con la desaparición del miedo educas una habilidad en tu entorno más cercano, siembras seguridad y con ello amor y generosidad.

Pasados unos días desde que mi hija se leyera el borrador del libro y me ayudara a hacer algo más sencillos algunos conceptos, me envió a la consulta un emotivo power point (p.p.) que hacía tiempo había recibido. Me decía en la nota adjunta al p.p.

"Este p. p. sintetiza todo lo que quieres transmitir en tus cursos y sobre todo en el libro. Es magnífico para imprimirlo y tenerlo en la pared del dormitorio o en la mesa de la oficina o como salva pantallas del ordenador. Bueno no sé, en un lugar que puedas verlo todos los días y recordar que el miedo es transmutable"

Lo miré detenidamente y pensé que tenía razón, puede ser una "tarjeta" de ayuda durante el proceso de superación de los miedos. Cópialo y haz con el escrito un cuadro bonito, un salvapantallas, un tapete, lo que tu imaginación te inspire y déjalo a tu vista. Léelo hasta que hayas conseguido tu objetivo.

"Temía estar solo, hasta que…
…Aprendí a quererme a mí mismo

Temía fracasar, hasta que…
…Me di cuenta que, únicamente fracaso si no lo intento

Temía lo que la gente opinara de mí, hasta que…
…Me di cuenta que, de todos modos opinarían de mí

Temía que me rechazaran, hasta que…
…Entendí que debía tener fe en mí mismo

Temía al dolor, hasta que…
…Aprendí a que este es necesario para crecer

Temía a la verdad, hasta que…
…Descubrí la fealdad de las mentiras

Temía a la muerte, hasta que…
…Aprendí a que no es el final, sino más bien el comienzo

Temía al odio, hasta que…
…Me di cuenta que no es otra cosa más que "IGNORANCIA"

Temía al ridículo, hasta que…
…Aprendí a reírme de mi mismo

Temía hacerme viejo, hasta que…
…Comprendí que ganaba sabiduría día a día

Temía al pasado, hasta que…
…Comprendí que no podía herirme más

Temía a la oscuridad, hasta que…
…Vi la belleza de la luz de una estrella

Temía al cambio, hasta que…
…Vi que la mariposa más hermosa necesitaba pasar por una metamorfosis antes de volar"

Espero que hayas disfrutado explorando el libro, si ha sido así y quieres más información sobre mis conferencias, cursos o libros y novelas publicados puedes contactar con:

L'Espai Helen Flix
C/. Muntaner, 118-120, Ent° 2ª
08036 Barcelona (España)   Tel. (34) 934123659
E-mail: **hflix@copc.cat**   web: **www.helenflix.com**

BIBLIOGRAFÍA

Castanyer, Olga.1996. *La asertividad. Expresión de una sana autoestima*. Ed. Desclée De Brouwer. Col. Serendipity.

Damasio, A.F.1996. *El error de descartes: le emoción, la razón y el cerebro humano*. Barcelona. Crítica.

Diltis, R. 1991. *Sleight of mouth. The magic of conversational belief change.PNL.* Capitola, California. Meta Publications.

Fernández Berrocal, P y Ramos, N. 2002. *Corazones inteligentes*, Barcelona: Kairos.

Goleman, D. 1995. *La inteligencia emocional*. Barcelona: kairos.

Kaas, J.H. 2002. *La evolución del cerebro humano*. Barcelona: Tusquets editores

Le Doux, J. 1999. *El cerebro emocional*. Barcelona: Ariel.

Mac Kay, M y Fanning, P. 1991. *Autoestima- evaluación y mejora. Biblioteca de Psicología, Psiquiatria y salud.* Serie práctica. Martínez Roca.

Taylor, J.l. y McCloskey, D.L 1996. *"Selection of motor response on the basis of unperceived stimuli".* Journal of neurophyology, 110, pp.62-66

Tinbergen, N, 1951 (1975). *El estudio del instinto*. México: Siglo XXI

(Según normas APA)

www.ingramcontent.com/pod-product-compliance
Lightning Source LLC
Chambersburg PA
CBHW030440290526
45786CB00001B/377